발칸 반도로의 도피

발칸 반도로의 도피

초 판 1 쇄 2023년 10월 25일
지 은 이 석지호
펴 낸 곳 하모니북

출판등록 2018년 5월 2일 제 2018-0000-68호
이 메 일 harmony.book1@gmail.com
홈 페 이 지 harmonybook.imweb.me
인스타그램 instagram.com/harmony_book_
전화번호 02-2671-5663
팩   스 02-2671-5662

ISBN 979-11-6747-126-0 03920
ⓒ 석지호, 2023, Printed in Korea

책값은 뒤표지에 있습니다

이 도서의 국립중앙도서관 출판예정도서목록(CIP)은 서지정보유통지원시스템 홈페이지
(http://seoji.nl.go.kr)와 국가자료공동목록시스템(http://www.nl.go.kr/kolisnet)에서 이용
하실 수 있습니다.

한국어가 없는 곳으로 도망친 여행, 그곳에서 삶에 필요한 단어를 찾다

발칸 반도로의 도피

석지호 여행에세이

harmonybook

Contents

Chapter 3.
마케도니아, 슬퍼요 🏴

Chapter 4.
코소보, 예뻐요 🏴

Chapter 5.
알바니아, 미안해요 ⚑

Chapter 6.
그리스, 행복해요 ⚑

Chapter 7.
튀르키예, 사랑해요 🇹🇷

Chapter 1.

폴란드, 지쳤어요

한국어가 없는 곳이 필요했다

　　한국어에 지쳤다. 문득 그런 생각이 머릿속을
채웠다. 어떤 말도 하고 싶지 않았다. 다른 누구의 말도 듣고 싶지
않았다. 의미 없이 지나치는 말들도 이해하고 싶지 않았다.

　긴 군 생활을 마치고 사회에 내던져진 스물 후반에게는 그 어떤
말들도 무겁고 날카롭게만 느껴졌다. 사람을 만나지 않는 것만으
로는 부족했다. 한국어는 어디에 가나 내 주변을 둘러싸고 있었

다. 도망치고 싶은 마음이 굴뚝같았다. 다시 말해서, 비행기 표를 사야만 했다.

한국어가 없는 곳이 필요했다. 그 어떤 말을 듣더라도 그저 의미를 알 수 없는 억양들의 나열이어야만 했다. 유명한 곳은 갈 수 없었다. 프랑스의 에펠탑이나 미국의 자유의 여신상 근처에서 행복하게 웃으며 '김치!'를 외치는 것을 혼자 우두커니 보고 있는 것은 생각만 해도 끔찍했다. 가까운 곳도 갈 수 없었다. 일본이나 동남아시아의 호텔 로비에서 서로를 지나치며 '혹시 한국인이세요?'로 시작하는 문장들을 듣고 싶지 않았다.

불가리아라는 나라가 눈에 들어온 것은 순전히 우연이었다. 불가리아에 대해 아는 것이라고는 어렸을 때 좋아하던 '불가리스'라는 이름의 요구르트뿐이었다. 불가리아를 인터넷에 검색하고 나서 얼마 되지 않아 바로 편도 항공권을 구매했다. 불가리아어가 공용어라는 한 문장 때문이었다.

주변에서 불가리아에 여행을 간다는 사람은 한 번도 보지 못했다. 한국어에 지친 입과 귀를 씻기 위한 최고의 환경이었다. 다음 주가 바로 출국일이었다. 하필 비행기를 타기 전에 약속이 잡혀 있었다. 어떠한 의무감과 외로움으로 모임에 나갔다. 자연스럽게 내 입은 다양한 한국어로 가득 찰 수밖에 없었다. 대화가 귓바퀴를 타고 맴돌다가 귓불에 의미 없이 매달렸다.

"나 다음 주에 불가리아에 갈 거야."

나는 지친 와중에 뜬금없이 선언했다.

"거긴 대체 왜?"

새로운 대화 주제를 찾아낸 친구가 들뜬 목소리로 말했다.

"한국어에 지쳤어. 더는 아무것도 말하고 듣고 싶지 않아."

다 낡아버린 12월의 새벽에도 지하철에 사람이 많았다. 해가 뜨기도 전에 지쳐버린 사람들은 꾸벅이며 졸다가 본인들을 필요로 하는 역에서 내렸다. 사람들이 많이 내리는 역에서 주눅이 들었다. 나는 현대 사회에서 필요 없는 존재였다. 구구단 숙제를 끝내지 못해 방과 후에 홀로 교실에 남은 어린아이의 기분을 느꼈다. 심지어 나는 어린아이도 아니었다. 어느새 꿈보다 키가 커지고, 마음은 몸보다 작아진 어른이 지하철 창가에 비쳤다.

쓸모없는 어른은 공항에 혼자 내려 폴란드로 가는 비행기를 찾았다. 불가리아로 가는 직행 항공권이 아예 없다는 것도 꽤 마음에 드는 것이었다. 아무럼 누가 굳이 돈과 시간을 내서 불가리아라는 나라에 가겠느냐는 가설이 어느 정도 들어맞는다고 생각했다. 폴란드에 도착해서 하루 정도 시간을 보내고 다시 비행기를 타 불가리아에 도착할 계획이었다. 비행기는 인천을 떠나 바르샤바에 도착했다. 바르샤바의 풍경은 하얗고 뿌옇기만 했다. 눈을 비벼봐도 그랬다. 눈이 살갑지 않게 내리고 있었다.

버스를 타기 위해 표를 사야 했다. 표를 살 수 있는 기계는 홀로 외롭게 눈을 맞으며 서 있었다. 화면에는 낯선 언어들이 가득 했다. 의미를 알 수 없는 언어들을 보고서야 끝내 안도했다. 굳이 화면을 영어로 바꾸지 않고 느낌과 감각에 의존해서 표를 구매했다. 몇 초면 해결되었을 일을 10분의 실패를 거쳐 결국 성공했다. 기다리는 사람이 없어서 다행이었다. 표 하나를 구매한 것만으로 좀처럼 느낄 수 없었던 승리감을 느꼈다.

버스는 정보와 다르게 중간에서 멈췄다. 사람들이 모두 내리자, 무언가 잘못되었음을 느꼈다. 버스 기사는 작은 동양인에게 이 상황을 설명하려 애썼다. 하지만 노력은 가끔 사람을 배신하는 법이다. 나는 전혀 이해하지 못하고 버스에서 내려 호스텔을 향해 걸어갔다.

"오늘 축제라도 있어?"

호스텔에 체크인하며 물었다.

그도 그럴 것이 바르샤바 온 거리를 행복한 커플들과 단란한 가족들이 가득 채우고 있었다. 아무래도 홀로 다니는 사람은 나 혼자가 분명했다. 알 수 없는 언어로 된 노래들이 조명들 위에 걸려 있었다.

"12월 말이잖아."

호스텔 직원이 싱글싱글 웃으며 말했다.

"폴란드에서는 12월 말에 축제를 해?"

내가 말했다.

"한국엔 크리스마스가 없어? 크리스마스잖아!"

크리스마스라는 짧은 단어에 갑자기 외로움을 느꼈다. 어느새 지독한 현실감이 내 곁에 자리를 잡고 앉았다. 나는 대체 여기서 뭘 하고 있나 싶었다. 외로움은 짐 정리를 끝내고 저녁을 먹으러 거리에 나섰을 때 괴로움으로 구체화 되었다. 모든 식당에 삼삼오오 사람들이 모여 식사하고 있었다. 혼자 하는 식사는 이골이 났지만, 저런 행복 사이에서 밥을 먹을 엄두는 나지 않았다. 편의점에서 샌드위치와 우유를 샀다. 호스텔에 돌아오는 길에 크리스마스 마켓과 트리를 발견했다. 행복과 따뜻함을 팔고 있는 가게를 구경하며 나는 조금 더 작아졌다. 교회보다 큰 트리를 구경하며 샌드위치를 씹었다.

"괜히 왔다. 벌써 지쳐버렸네."

그것이 내가 타지에서 내뱉은 최초의 한국어였다. 다행히 지나다니는 사람들은 아무도 그 말의 의미를 알지 못했다. 샌드위치는 맛이 없었고 우유는 설사하기 딱 좋았다.

마음을 빌려줄 여력이 없었다

　　호스텔 앞에 서서 방황했다. 침대가 나를 부르
고 있었다. 온갖 외로움과 슬픔과 낯섦을 해결하는 방법은 간단
했다. 따뜻한 물로 샤워하고 침대에 누워 잠이나 자는 것이었다.
잠은 모든 걱정의 종착역이자 근심의 무덤이다.

　가끔 외계인이 인간을 연구하는 상상을 한다. 외계인이 본 인간
은 전부 하루의 삼분의 일 정도를 침대 위에서 낭비한다. 아무것

도 하지 않은 채로 그저 숨만 쉬는 상태로 존재한다.

문과 외계인은 그 현상을 잠을 잔다고 이름 붙여 소설을 쓸 것이다. 그리고 이과 외계인은 잠을 자는 것이 대체 무엇인지 정의하려 실험실에서 밤을 지새울 것이다. 잠은 삶과 죽음의 중간 언저리다. 인간은 언뜻 무가치해 보이는 잠을 통해 회복한다. 육체적으로나, 정신적으로나. 나라는 인간은 아직 스스로를 회복하고 싶지 않았다.

모두 짝을 지어 다니는 거리를 혼자 걷는 기분은 생경했다. 곳곳에서 끓인 와인 냄새가 났고 산타 옷을 입은 사람이 노래를 부르며 아이들과 사진을 찍고 있었다. 공간을 웃음으로 가득 채우고 있는 사람들이 부담스러워서 그나마 사람들이 없는 방향으로 걸음을 옮겼다. 배고픔이 해결되어서 그런지 생각보다 나쁜 기분은 아니었다. 눈 밟는 소리를 느끼면서 정처 없이 걸었다. 여러 언어가 내 주변을 감싸고 있었지만 단 하나도 이해할 수 없었다. 쓸데없는 정보들이 머릿속을 채우지 않는 것에 감사했다.

사람들이 어떤 이야기를 하고 있을지 상상하며 걷다가 이상한 건물 하나를 발견했다. 엄청나게 크고 못생긴 건물이었다. 그 건물을 보며 작고 못생긴 것과 크고 못생긴 것 중에 어떤 것이 나은가 하는 멍청한 고민을 했다. 나도 모르게 외모만 보고 건물을 판단하고 있었다. 조금 미안해져서 저 건물이 뭐 하는 건물인지라도 알아야 할 것 같았다.

"메리 크리스마스!"

산타에게 다가가 말했다. 산타가 봉사활동을 하는 건지 돈을 받는 건지 그냥 재미로 하는 건지는 알 수 없었다. 산타는 마주 보며 웃더니 내게도 메리 크리스마스라고 외쳐 주었다.

"저 큰 건물은 뭐예요?"

내가 말했다. 차마 못생겼다는 말은 하지 못했다.

"'문화 과학 궁전'이야! 크고 못생겼지?"

산타는 내가 하려고 했던 말을 대신하고 나서 다시 아이들과 사진을 찍었다.

폴란드인의 작명 센스는 압도적이었다. 문화와 과학을 함께 엮는 것도 충분히 이상한데 그들은 그 속에 궁전이라는 단어를 욱여넣었다. 파인애플 피자 위에 민트 초코를 올린 기분이었다. 민트 파인애플 피자를 생각하다가 싸구려 샌드위치라도 먹어서 다행이라는 이상한 결론을 내렸다. 문화 과학 궁전을 바라보았다. 크고 못생기고 이름마저 이상했다. 호스텔로 돌아오는 길에 맥도날드를 발견했다. 맥도날드 정도면 혼자 식사를 할 수 있을 것 같다는 용기가 생겼다. 내일 아침은 햄버거를 먹자고 다짐하며 침대에 누워 꿈 없는 잠을 청했다.

오랜만에 경험하는 다인실 도미토리는 재앙이었다. 귀에 거슬리는 작은 절규 소리에 잠이 깼다. 적막한 새벽에 같은 공간에서 누군가가 울고 있다는 것은 다소 비현실적이었다. 괜찮냐고 물어

봐야 할지 아니면 조용히 해 달라고 해야 할지 고민했다. 잠에서
깬 것이 조금 화가 나긴 했지만, 나는 늘 타인의 슬픔을 보았을 때
말문이 막히고 마는 사람이었다. 나는 위로와 공감에 영 재능이
없었다. 대체 무슨 말을 해줘야 할지 생각하다가 아무것도 보이
지 않는 어두운 공간 속에 말을 뱉었다.

"괜찮아?"

누구인지 얼굴도 모르는 사람에게 물었다.

"아니 안 괜찮아. 미안해. 정말 미안해."

얼굴도 모르는 사람이 훌쩍이며 말했다. 2층 침대에서 내려오는
소리가 들려서 커튼을 잠시 열고 그녀를 바라봤다.

"괜찮아?"

멍청하게 같은 질문을 반복했다.

"미안해. 남자친구가 헤어지자고 전화했어."

그녀는 슬픔에 온몸을 맡긴 채로 문을 열고 나갔다.

나가서 위로해 줘야 하는 건지 고민했다. 짧지 않은 고민 끝에
다시 잠을 청했다. 타인의 아픔을 안기에는 너무 피곤하고 지쳐
있었다. 마음을 빌려줄 여력이 없었다. 지쳐 쓰러져도 돌아갈 곳
하나 없는 나는 그저 침대에 누워 있었다. 조금은 이기적이라는
생각을 했다.

내게 그저 귀찮을 뿐이었던 그 밤은, 그녀에게는 심장 언저리에
생채기가 생긴 그런 아픈 밤이었을 것이다. 눈을 뜨고 어둠 속을

바라봤다. 이 순간 지구 어딘가의 어떤 이는 다시는 잊을 수 없는 행복을 마주했을 것이다. 또 다른 대륙의 누군가는 평생 잊고 싶어 할 슬픔을 겪었을 것이다. 같은 날짜가 다른 기억으로 남는다는 것은 참담한 일이었다. 늘 그렇듯이 시간은 다르게 적힌다. 내게 의미 있는 몇몇 날들을 떠올렸다. 그날들은 나에게서 떠나간 몇몇에게는 더 이상 아무런 의미도 없을 것이었다.

잠을 자고 일어나 짐을 챙겨서 체크아웃했다. 그녀가 괜찮아졌는지는 알 수 없었다. 아마 괜찮지 않았을 것이다. 어제 계획했던 대로 맥도날드에 가서 햄버거를 시켰다. 폴란드 맥도날드엔 특이하게도 순무 버거를 팔고 있었다. 크림치즈 속에 순무가 들어 있었다. 알싸하고 씁쓸하고 매운맛이 났다. 시간 지난 이별의 마지막을 추억할 때의 기분과 비슷한 맛이었다. 식사를 정리하고 비행기로 향했다.

Chapter 2.

불가리아, 고마워요

인생은 세 가지 말로 충분하다

　　"한국 사람이야? 내 여자친구도 한국 사람이야."

　내 파란색 여권을 받아 든 호스텔 직원이 말했다. 우연의 일치라고 하기엔 조금 불안했다. 느낌이 싸하다고 밖에 표현할 방법이 없는 그 묘한 감정은 늘 상상한 만큼의 부정적인 결과를 가져온다.

　　"자기야! 이분도 한국에서 오셨어!"

직원은 계단을 내려오고 있는 누군가에게 말했다.

"안녕하세요! 한국에서 오셨어요? 저는 놀러 왔다가 여기서 발룬티어로 일하고 있어요. 여기는 제 남자친구고 아르헨티나 사람이에요."

한국 사람이 분명한 그녀가 말했다.

스스로 허탈했다. 한국어를 피해 도피한 불가리아라는 알 수 없는 나라의 첫날에 하필 한국인을 만나 버린 것이다. 그것도 다른 나라 사람인 척할 수도 없이 한국 여권을 손에 들고서 말이다. 그녀는 아주 친절했다. 근처에서 유심을 살 수 있는 곳이나 간단하게 식사할 수 있는 곳을 알 수 있었다. 구글 지도에 장소를 저장하면서 나는 내가 받을 질문을 역으로 먼저 하기로 했다.

"왜 불가리아에 오셨어요?"

내가 말했다. 그녀는 아주 복잡 미묘한 표정을 지었다. 내가 근 몇 달 동안 늘 지어야만 했던 표정이 그녀의 얼굴에 떠올라 있었다. 타인에게 자신의 인생을 어디서부터 어느 정도나 검토받아야 하는지 고민할 때의 표정이다.

여행자들은 보통 서로에 대한 배경지식 없는 대화만을 나눈다. 직업이나 학교나 회사 따위를 언급하지 않고 나라는 인간과 자신의 감정에 관해 설명하는 것은 어색하지만 재밌는 일이다.

그런 대화는 '이 양송이수프 엄청 맛있는데?' 라거나 '그냥 일기 쓰고 있어.' 같은 형식으로 시작한다. 어색함이 조금 걷히면 대화는 '느끼한 것보다는 매운 음식을 좋아해.' 라거나 '부끄럽지만, 취미로 글을 쓰고는 해.'로 바뀐다. 낯선 이와의 대화가 익숙해지면 먹어봤던 세계의 여러 매운 음식들을 설명하게 되고 이 근처에서 먹을 수 있는 특이한 매운 음식들을 알게 된다. 책을 쓰고 싶다는 꿈에 대해 말하게 되고 또 그러기에는 내 문체는 너무 맥 빠지고 서글픈 것이라 한동안 글 쓰는 것을 포기했던 사실도 말하게 된다.

여행자의 대화는 나 스스로 재미없는 인간이 아니었음을 깨닫게 한다. 나는 매운 것을 땀을 뻘뻘 흘리며 먹는 것을 좋아하고, 이 동네 음식이 너무 느끼해서 핫소스를 챙겨 다니는 괴팍한 사람이 된다. 또 많은 사람이 내 글을 읽으며 시간을 보냈으면 좋겠다는 소망이 있지만, 막상 그 문장들의 진짜 의미를 알 수 있는 사람은 내가 사랑하던 몇 안 되는 사람으로 한정되었으면 하는 모순적인 인간이 된다. 자신을 알아가는 이야기를 할 수 있다는 것이 여행의 좋은 점이다. 다만 그런 대화는 타지에서 같은 나라 사람을 만난다는 것 자체만으로 쉽게 깨지게 된다.

"지호 씨는요?"

그녀는 아주 현명한 대답을 했다.

"그러게 말이에요."

나는 대화의 단절에 필요한 마스터피스와 같은 대답을 했다. 사회성을 포기하는 대화 방식 100선 정도에 꼭 들어갈 만한 대답이었다.

그녀는 웃더니 빈방을 정리하러 떠났다. 나는 낯선 사람들로 가득 들어찬 호스텔 로비에서 불가리아어 몇 문장을 알아보려고 와이파이를 연결했다. 다른 나라에 갈 때 그 나라의 언어로 대화하는 것은 내 작은 취미다. 처음은 '고마워', '미안해', '사랑해'로 시작한다. 한국어는커녕 영어가 전혀 통하지 않는 어떤 나라에서도 그 세 가지 정도면 살 수 있다는 믿음이 있다. 사실 한국에서도 마찬가지다. 인생은 세 가지 말로 충분하다.

사는 것은 고맙고 미안하고 사랑하는 것 위에 많은 쓸데없는 것을 쌓아가는 일이다. 언어를 배워갈수록 그 세 가지 말은 망각하게 되고 그 이외의 것만을 발음하게 된다. 나는 슬프게도 너무 많은 한국어를 배워버려서 고마움을 표현하고 미안함을 인정하고 사랑한다고 고백하는 방법을 잊어버렸다. 그저 이 정도 했으니 내 마음을 대충 알고 있을 거라고 하며 무의식적으로 지나치고는 한다. 고맙다. 미안하다. 사랑한다. 나는 불쌍하게도 가장 중요한 말을 모국어로 하지 못한다.

"블라그-달야?"

"아니, 아니. 블라고, 다랴."

"블라고 다리아?"

"비슷해. 조금 더 빨리 발음해 봐. 블라고다랴."

몇 번의 발음 교정 끝에 불가리아어 세 문장을 말 할 수 있게 되었다. 대뜸 영어로 말을 걸지 않고 짧게나마 그들의 언어를 존중하는 기특한 여행자의 역할을 할 수 있게 된 것이다. 자신 있게 밖으로 나갔다. 목적지는 호스텔 근처의 식료품점이었다. 오랜만에 공부를 했더니 배가 고팠다.

맛을 상상할 수 없는 것들 속에서 음식을 고르는 것은 재밌는 경험이다. '이마트'나 '홈플러스'에서 봤을 법한 재료들은 건너뛰고 신기해 보이는 것들만 골라 담았다. 순간적인 선택 장애가 왔던 곳은 우유와 요구르트 코너였다. 말 그대로 셀 수 없을 정도로 다양한 유제품들이 매대에 자리를 차지하고 있었다. 키릴 문자로 쓰여 있어서 어떻게 읽는지도 모를 다양한 제품들 속에서 그저 감각에 의존해서 요구르트를 골랐다. 정보가 제한되자 온갖 상상이 머리에 차올랐다.

이 시대를 사는 사람들은 너무 쓸데없이 많고 자잘한 정보 속에 묻혀 있다. 다양한 정보는 오히려 선택을 어렵게 한다. 괜히 인터넷이 미워져 유심을 사는 것을 보류하기로 했다. 오늘만큼은 문명에 반기를 들었다.

"블라고…."

그다음 음절이 생각나지 않았다. 분명히 마트 들어오기 전까지만 해도 정확하게 발음할 수 있었는데 요구르트를 고르다가 요구르트보다 새하얗게 잊어버렸다. 머릿속에 깜깜해진 것을 보니 새까맣게 잊어버린 것 같기도 했다. 아주머니는 잔돈을 받고도 자리를 떠나지 않는 나를 보고 의아한 표정을 지었다.

"블라고… 뭐더라."

내가 말했다.

"블라고다랴?"

다행히 그녀가 뒷말을 완성해 주었다.

"블라고다랴!"

불가리아에서 처음으로 한 말은 고맙다는 말이었다.

아주머니는 다정하게 웃더니 알 수 없는 말들을 쏟아냈다. 단 하나도 이해할 수 없어서 마주 보고 웃다가 엄지를 올리고 돌아섰다. 그녀가 어떤 말을 했을지 상상하면서 호스텔 방향으로 걸었다. 아마도 '불가리아엔 왜 오셨어요?'가 섞여 있지 않았을까 싶었다.

"그러게 말이에요."

구름을 보며 밀린 대답을 했다.

소원이 하늘에 닿지 못해 비로 내렸다

　　이불을 한껏 끌어당겨도 추위가 가시지 않았다. 잠결에 바람 소리가 들렸다. 누군가가 창문을 열어놓은 것이 분명했다. 무거운 몸을 침대에서 끌어 내려 창문을 꼭 닫았다.

　　범인은 콜롬비아에서 온 제이인지 이탈리아에서 온 엔리코인지 아니면 늦게 들어와 아직 통성명하지 못한 세 번째 자리 주인인지 알 수 없었다. 문득 비현실적이라는 느낌이 들었다. 불가리아를 찾는 사람들은 내 생각보다 훨씬 다양한 인간들이었다.

"아 진짜 먹을 놈들! 추워 죽는 줄 알았네."

코를 훌쩍이며 혼잣말했다.

중학교 때 친해졌던 성재는 늘 '먹을 놈들'이라는 말을 입에 달고 살았다. 공사장에서 천 원을 돈 뜯었던 형도, 준비물을 가져오지 않았다고 자신을 혼냈던 선생도 성재에게는 다 '먹을 놈들'이었다. 성재의 집에서는 축축한 냄새가 났다.

얼굴이 늘 취기에 붉었던 성재의 어미는 성재를 '먹을 놈'이라고 불렀다. 그것이 빌어먹을, 글러 먹을, 막돼먹을 놈을 줄여 말하는 것임을 알게 되기에는 꽤 시간이 흘렀다. 오랜 시간이 지나도 성재의 교복에서는 축축한 냄새가 났다. 지금 그가 밥이나 먹고 사는지는 모르겠지만 그 짧고 함축적인 단어는 내 기억 한편에 아직도 남아 있다.

조식은 맛이 없었다. 하긴 호스텔에 화려한 조식을 기대하는 것 자체가 상식적이지 않았다. 삶은 달걀 위에 베이컨을 올려서 우물우물 씹었다. 불가리아 우유에서는 묘하게 신맛이 났다. 항의해야 하는 건지 고민했지만 다들 별말이 없길래 불가리아 우유에서는 원래 그런 맛이 난다고 생각하기로 했다. 한 명의 동양인과 눈이 마주쳤다. 다시금 굉장히 불안해졌다. 어제 엔리코와 한 짧은 대화가 생각이 났다.

"너 한국 사람은 하나 엄청난 능력이 있는 것 알고 있어?"

내가 물었다.

"매운 거 먹으면서 스스로 고문하는 거?"

엔리코가 웃으면서 말했다.

"아니 한국 사람들은 세계 어디에서도 한국인, 중국인, 일본인을 구분할 줄 알아."

나는 완연한 한국 사람임이 분명했다. 그리고 나와 눈이 마주친 한국인도 완벽한 한국인임이 분명했다. 그는 '혹시'로 시작해서 '한국 분이세요?'라고 끝나는 마법의 문장을 입에 올렸다. 이쯤 되면 운명인 것 같았다. 한국어에서 도망칠 수 없는 운명이었다. 세계 여행을 하고 있다는 '재훈'은 아직 빈방이 없어서 체크인 시간까지 시간을 보내야만 하는 모양이었다. 그와 몇 가지 수더분한 얘기를 하다가 혹시 저녁에 시간이 괜찮으면 김치찌개나 한 술 하자는 약속을 하고 밖으로 발걸음을 옮겼다.

막상 나오니 갈 곳이 없었다. 정확히 말하면 어디를 가야 하는지 몰랐다. 그래도 여행이랍시고 유럽 땅을 밟았으면 유명한 곳도 좀 보고 맛있는 것도 좀 먹어야 할 것 같았는데 아무것도 아는 것이 없었다. 사실 불가리아의 수도가 소피아라는 것도 사실 어제 알았다. 사람들이 그나마 많이 보이는 곳을 따라 정처 없이 걸었다. 공사를 하는 곳이 많았다. 아니, 공사장에 기계 소리가 영들리지 않는 것을 보면 공사를 하다가 멈춘 곳이 많은 것 같았다.

어디로 가나 시간이 멈춰버린 공사 현장들이 즐비했고 그 근처에는 어김없이 그라피티가 그려져 있었다. 불가리아 국가를 배경으로 한 위엄 있는 사자부터 아무 의미 없는 적나라하게 '섹스'라고 흩날려 쓴 것까지 종류가 다양했다. 그라피티를 하나 볼 때마다 미술관에서 명화를 감상하는 사람처럼 멈춰 섰다. 얼마 되지도 않아 멈춤이 열 번 정도 됐을 때 불가리아인은 죄다 그라피티를 그리지 못해 미쳐 있는 사람이라는 결론을 내렸다.

커피를 마시면서 와이파이를 연결했다. 정보의 바다에 익사하고 싶지 않다던 결심은 정보 하나 없는 불편함 속에서 사라졌다. 불가리아를 검색하고 소피아를 검색했다. 우연히 소피아 무료 도보 투어가 있다는 게시물을 보았다. 때마침 거리도 멀지 않았고 시작하는 시간도 완벽했다. 반이나 남아 있던 콩 태운 물을 입에 전부 붓고 무료 투어가 있다는 사자상을 찾아 나섰다.

어렵지 않게 찾았던 사자상 앞에는 많은 사람이 무리를 지어 서 있었다. 들고 있는 표지를 살펴보니 영어로 하는 투어와 스페인어로 하는 투어가 나뉘어 있는 것 같았다. 사람이 많다는 것은 내게 꽤 불편한 사실이었다. 늘 혼자 여행하던 나는 몇몇이 뭉쳐 자유롭게 다니는 것만이 진짜 '자연식 여행'이고 가이드를 앞에 세우고 무리 지어 몰려다니는 것은 가짜 '인스턴트 여행'이라는 묘한 특권의식이 있었기 때문이다.

자존심을 챙기면서 소피아에서 갈만한 곳을 알아보는 방법은 아주 간단했다. 투어가 시작되고 한 무리의 사람들이 떠나자, 나는 아주 자연스럽게 그들의 뒤를 따라갔다. 가이드가 무언가를 설명하면서 서 있으면 나도 저 멀리서 멈춰 있었다. 그들이 떠나면 그제야 그 자리에 가서 그들이 대체 뭘 보면서 감탄하고 있었나 상상하며 두리번거렸다. 기묘한 동행은 꽤 오랜 시간 지속됐다. 지하수를 긷는 곳이나 고대인들이 애용했다는 목욕탕 터나 대통령 궁 비슷한 것을 지나쳤다.

나는 한 곳에 멈춰서 더 이상 무리를 따라가지 않았다. 구글 지도에는 그 위치가 '소피아 알렉산드르 넵스키 대성당'이라고 적혀 있었다. 절대 한 번에는 외울 수 있을 것 같지 않은 이름이었다. 나는 종교도 없으면서 무릇 큰 종교 건물을 보면 압도되는 경향이 있다. 말도 안 되게 큰 성당 안에는 이름 모를 사람들이 의미 모를 대화를 하며 알 수 없는 기도를 했다. 이 성당의 모든 프레스코는 셀 수도 없는 사람들의 소원을 늘 듣고 있느라 귀가 아플 것 같았다.

막상 기도하고 소원을 말하자니 딱히 원하는 것이 없었다. 세계 평화나 인류애 충전 같은 이타적인 소원은 별로 빌고 싶지 않았다. '실례지만 기도는 선불로 하고 소원은 나중에 생각나면 말씀 드리겠다'라는 발칙한 선언을 하고 성당을 구경했다. 긴 구경 속에서도 딱히 바라는 것이 생각나지 않았다.

성당을 나서자, 빗방울이 떨어졌다. 소원이 하늘에 닿지 못해 비로 내렸다. 사람들이 간절하게 올려보낸 것들이 결국 구름에 막혀 떨어지고 있었다. 비를 맞으며 다시 정처 없이 길을 걸었다. 나는 아직 소원을 빌지 않았으니 이 빗방울처럼 무효는 아니리라 생각했다. 그야말로 신께 감사할 일이었다.

좋아하는 것을 말하지 못한다

'한식 드시러 가실래요?'

'인스타그램' 알람이 울렸다.

오랜만의 낮잠 속에서 정신을 재부팅 하는 데에는 오랜 시간이 걸렸다. 마침 배가 고파서 재훈과 동행하기로 했다. 한국어를 더 이상 하고 싶지 않아서 한국에서 도피한 주제에 한국 사람과 한국 음식을 먹게 되었다. 갑자기 누군가와의 대화가 그리워진 것은 아니었다. 그저 주어진 상황 자체가 흥미로울 뿐이었다. 나는 인생을 열심히 계획하다가도 우연이 가져오는 어떠한 운명 같은 것에 꽤 나약하게 이끌리고는 한다.

구글 지도에서 검색한 한식 음식점으로 가는 동안 재훈과 짧은 대화를 했다. 그는 꽤 오랜 기간 여러 나라를 여행하고 있었다. 젊음의 자연스러운 치기 어림이 매력적인 사람이었다. 큰 도로를 거침없이 무단횡단하는 그를 보며 잠깐 멈칫했다. 아무도 없는 어두운 지름길로 들어서는 그를 보며 살짝 당황했다.

문득 내가 나이가 들었다고 생각했다. 몇 년 전의 나라는 인간은 세 시간째 멈춰버린 기차를 버리고 인도 어딘가의 기찻길을 무단횡단하고 있었다. 또 살면서 발레 한 번쯤은 봐야 하지 않겠냐는 충동적인 생각에 비 오는 밤의 러시아 골목 어딘가를 후드 하나 뒤집어쓰고 뛰어가고 있었다. 이제는 그럴 수 없을 것 같았다. 나의 청춘은 어느 정도 낡아 색이 바랬다. 물 빠진 청바지 같았다.

나는 나의 과거 앞에 마주 앉아 음식을 주문했다. 재훈은 한동안 한식다운 한식을 전혀 먹지 못해 매운 것에 굶주린 모양이었다. 그 감정 또한 내 청춘 어딘가의 기억에 남아 있어 충분히 공감할 수 있었다. 떡볶이는 다진 마늘이 빠져 있었는지 영 밋밋했지만, 김치찌개는 나쁘지 않았다. 별로 기대하지 않고 주문했던 간장치킨은 최고였다. 출국 전에 야식으로 먹었던 '교촌치킨'의 맛과 완벽하게 일치했다. 한식이 전혀 그립지 않은 사람과 한식을 너무도 그리워하는 사람은 음식들에 대해 품평하며 서로의 이야기를 했다.

　나는 처음 보는 사람과 잘 대화하지 못한다. 사실 오래 본 사람과도 잘 대화하지 못한다. 아주 가끔 편하고 진솔하게 대화할 수 있는 사람이 내 인생에도 나타나곤 한다. 그 사람들의 공통점은 아무리 기억을 반추해도 알 수 없었다. 재훈은 그런 우연함의 일치는 아니었다. 그래도 어떤 일인지 그와 계속 대화하고 싶었고 가장 여행하기 좋았던 장소가 어디냐는 질문을 짜내어서 했다. 어색해서 죽을 것만 같았던 소개팅에서의 질문이 도움이 되는 순간이었다.

　그는 이집트의 다합을 첫 순서로 꼽았다. 처음 들어보는 곳이었다. 재훈은 어느 정도 달변가에 속하는 인물이었다. 다합 여행에 대한 단편 몇 권이 순식간에 그려졌다. 나는 인도의 카주라호와 러시아의 상트페테르부르크를 말했다. 세 번째 장소인 한국의 이태원은 생각만 하고 입 밖으로는 내지 못했다. 나는 항상 그렇다. 좋아하는 것을 말하지 못한다. 무언가를 좋아하는 이유를 남들에게 설명하는 것만큼 어려운 것이 없다.

　이태원에는 한국에 딱 두 군데뿐인 이슬람 모스크가 있다. 문을 들어서려면 반바지를 입어서는 안 되는 곳이다. 어릴 적 내가 동경하던 사람은 긴 청바지를 입고 있었고 나는 하필 흰색 반바지를 입고 있었다. 모스크를 구경하러 들어서는 뒷모습을 바라보다가 문 앞에 낡은 평상을 찾아 앉았다. 평상은 조금 더러웠지만, 햇볕은 따뜻했고 도로시 밴드의 소풍이라는 노래가 어디선가 흘러들었다.

그 짧은 여행이 끝나면 밀린 수능 특강 문제를 정리하며 하룻밤을 새워야 할 것 같았지만 그런 건 중요하지 않았다. 그 짧은 기다림의 순간이 내 인생에서 손에 꼽는 행복한 기억 중 하나였다. 아직도 가끔 삶이 벅차면 그 기억을 재생하며 아로마 테라피에 좋다는 야돔을 코에 쑤셔 넣곤 한다. 아스피린보다 빠른 효과에 어딘가로 감사 기도를 올린다. 막상 그 기억을 선물해 준 사람에게는 고맙다고 말하지 못했다.

이러한 너절한 이유는 때로는 너무나 감성적이라서 설명하기 전에 벌써 홍조가 돈다. 그래서 이태원은 생각만 했다. 대신 카주라호에는 일주일 내내 구경해도 재밌는 카마수트라 사원이 있다고 했고 상트페테르부르크에는 세상에서 제일 멋진 거리와 그보다 더 멋진 그림들이 있다고 했다.

"여기는 제가 낼게요."

내가 말했다.

"네? 아니에요. 여기 은근히 비싸요. 저랑 같이 내요."

재훈이 말했다.

"괜찮아요. 뭔가 제 과거를 보는 것 같아서 그래요."

결제하고 나니 그의 말이 이해가 조금은 되었다. 가격은 사실 혼자 내기엔 조금 부담스럽긴 했다. 하지만 내 치기 어린 젊은 시절이 세상을 여행했을 때를 떠올리게 해 준 그가 고마웠을 뿐이었다. 원래 모티프가 되는 사람은 그렇다. 본인은 전혀 모르지만, 남들에게 큰 영향을 준다. 식당 로비에서는 월드컵 결승전 소리가 흘러나오고 있었다. 아무래도 아르헨티나가 드디어 우승컵을 들어 올린 것 같았다.

호스텔에 들어와서는 키릴 문자 공부를 했다. 적어도 간판이나 이정표라도 읽고 싶은 욕심이 생겼기 때문이다. 어렸을 때는 생각 없이 부딪히고 자신의 느낌을 믿었다. 몇 년밖에 지나지 않았지만, 나는 모르는 것을 두려워하는 사람이 되어버렸다.

다행히 알파벳을 하나하나 읽어가는 과정은 꽤 재밌었다. 다만 몇 가지는 발음하기가 어려워 선생님이 필요했다. 호스텔 로비로 내려갔다. 몇 명의 사람들이 소파 위에서 축 처져 있었다. 앉아 있는 것도 아니고 누워 있는 것도 아니었다. 문제는 그들이 불가리아 사람이 아니라는 것이었다. 키릴 문자를 발음할 수 있는 사람을 찾지 못했다. 튀르키예에서 왔다는 친구에게 튀르키예 음식에 대한 자랑을 한 시간 정도 들었다.

여행은 행복의 역치를 많이 낮춘다

　화장품 코너에 들어선 노인의 기분을 느꼈다. 키릴 문자 빼고는 아무것도 찾아볼 수 없는 버스 대기실이었다. 의미를 알 수 없는 단어들에 둘러싸이는 것은 신선하지만 또 두려운 일이다. 하필 나만 그 의미를 알 수 없고 다른 사람들은 자연스럽게 이해하고 있다면 그 두려움은 조금 더 커진다.

　가끔 강남 거리를 돌아다니다 보면 한글보다 영어가 많다는 것이 느껴진다. 나야 괜찮지만서도 가끔 나이 든 분들의 공포감은 어떨지 계산해 본다. 강남 거리뿐만이 아니다. 선크림 하나만 사려고 해도 주차장 'B2' 층에 'SM3'를 주차하고 '이마트' 옆에 있는 '올리브영' 코너에서 '선크림'을 구매하고 '포인트'를 적립해야 하는 세상이다. 어떤 성전이라도 일어나 영어 대신 아랍어가 통용되는 세상이 오는 것을 상상한다. 꼬부랑글씨를 앞에 두고 요즘 것들은 겉멋만 들었다며 크게 화를 내야겠다.

미리 공부해 둔 키릴 문자는 꽤 큰 도움이 되었다. 아예 읽을 수 없는 것과 조금이나마 읽을 수 있는 것에는 차이가 크다. 소피아와 플로브디프라는 짧은 지명을 읽는데 앞사람 두 명이 표를 구매하고 돌아설 정도의 시간이 걸렸다. 짧게 인사하고 플로브디프 행 표를 구매했다.

언어가 통하지 않아도 대화가 통하는 경험은 늘 흥미롭다. 직원을 바라보고 부디 내 발음이 맞기를 기도하며 플로브디프라고 말했다. 직원은 시간표를 가리켰고 나는 핸드폰 달력을 꺼내서 내일 표를 원한다는 표정을 지었다. 대체 그 표정이 무엇인지 설명할 수는 없지만 제대로 산 것을 보니 아마 완벽한 표정이었던 것 같다.

이 단출한 성공이 너무나도 기뻤다. 여행은 행복의 역치를 많이 낮춘다. 버스표를 사는 것도, 음식을 주문하는 것도, 화장실을 이용하는 것도 그들에겐 그저 삶일 뿐이지만 나에게는 충분한 도전이 된다. 그리고 대화의 끝에 그들의 언어로 '감사합니다'를 연발하는 것만으로도 꽤 따뜻한 칭찬을 받는다. 당연한 것에 칭찬받는 것은 어른으로서는 부끄러운 일이지만 외국인으로서는 꽤 당연한 일이다. 어쩌면 나는 칭찬받지 못해 시름시름 말라가는 유약한 어른일지도 모르겠다. 스스로 성공을 칭찬하고자 불가리아 음식을 먹어 보려 걸음을 옮겼다.

'하드지드라가노브의 집'이라는 곳이었다. 문 앞에서 가게 이름을 발음해 보려고 몇 번 시도했지만 실패했다. 다행히 문 여는 것은 실패하지 않았다. 가게는 따뜻한 분위기였다. 불가리아 전통 옷처럼 보이는 것들이 이곳저곳에 걸려 있었고 어디 동굴 어디선가 베껴 온 것 같은 벽화가 공간을 채우고 있었다. 사람들이 모여 식사하는 곳에 혼자 식사하러 들어가는 것은 무언가 부끄러운 일이다. '나는 친구가 없습니다.'라고 선언하는 기분이다. 사실 그것은 거의 명확하게 맞는 명제이지만 그래도 막상 지적받으면 조금은 부끄러워지는 법이다.

양고기 수프를 고르고 조금 고민했다. 영어로 적힌 조악한 설명만으로는 메인 음식이 대체 어떤 것인지 알 수가 없었다. 정보가 없는 상황에서 직관은 꽤 필요한 능력이고 나는 늘 내 직관이 평균점은 넘지 않는가 하며 자만하고는 한다. 이름 모를 음식을 하나 골라 함께 주문했다. 양고기 수프는 익숙한 맛이 났다. 조금 이국적인 갈비탕 맛이었다. 딱 국물에 밥 말아 먹으면 하루 든든할 것 같은데 밥은 없고 빵이 나왔다. 주문하지 않았는데 나온 걸 보면 빵이 딱 우리나라 공깃밥 포지션인 것 같았다. 빵을 양고기 수프에 찍어 먹었다. 따뜻하게 행복해졌다.

정체 모를 음식이 하나 나왔다. 고기와 치즈를 뒤섞어 뚝배기 같은 것에 요리한 음식이었다. 직원에게 음식 이름을 발음하는 방법을 물어봤다. 직원은 성심성의껏 가르쳐 주려고 노력했지만 나는 결국 발음하지 못하고 웃으며 엄지손가락을 치켜세웠다. 한 입을 입에 넣고 우물거렸다. 직원에게 다시 엄지손가락을 치켜세웠다. 불가리아 사람들은 고기와 감자와 치즈만으로 사람을 행복하게 하는 법을 알고 있었다. 직원과 짧은 대화를 했다. 여기서도 익숙한 질문을 마주했다.

"한국 사람이라고? 왜 불가리아에 왔어?"

"이거 먹으려고 온 것 같은데요."

대답이 마음에 들었는지 직원은 먹을만한 불가리아 음식들과 가볼 만한 곳을 추천해 줬다. 사실 정확히 무슨 의미인지는 이해하지 못했다. 다만 늘 그렇듯 사람과의 대화가 꼭 서로를 이해해야만 하는 것은 아니다. 따봉 몇 번으로 우리는 아마 누구보다 명확하게 대화했을 것이다. 따봉에는 많은 고마움이 담겼다. 내 따봉은 맛있는 음식을 해 주고 외지인에게도 말을 걸어 줘서 고맙다는 뜻이었다. 아마 직원의 따봉은 설거지 안 해도 되게끔 바닥까지 먹어줘서 고맙다는 뜻이지 않을까 싶었다. 만족하고 나와서 버스를 타고 가까운 시장으로 향했다.

직원이 말해 준 '여자들의 시장'이라는 이름의 장소였다. 졸고 있던 상상력을 깨우는 이름이었다. 여자만 물건을 팔고 있는 시장인지 여자들이 필요한 물품을 파는 시장인지 알 수 없었다. 아니면 여자만 이용할 수 있는 곳일 수도 있었다.

혹시라도 동유럽 미녀들만 있지 않을까 하는 묘한 상상 속에서 나는 아직 불가리아 번호가 없는데 불가리아에서는 인스타그램을 자주 쓰는지에 대한 고민을 심도 있게 했다. 어떤 나라에서는 결혼하면 여자가 성을 바꿔야 한다던데 그럼 한국에서 혼인신고를 하면 성을 바꿔서 불러야 하나 말아야 하나 고심할 때쯤 시장에 도착했다. 아저씨들이 많았고 젊은 사람은 하나도 없었다. 귤이 싸길래 귤을 한 아름 사서 호스텔로 향했다.

창가를 괜히 몇 번 쓰다듬었다

깊은 잠에서 깨니 플로브디프였다. 기차 좌석
에 앉은 것까지는 기억나는데 여정은 기억나지 않았다. 중간 과
정은 기억나지 않지만, 시작과 끝은 있었다.

내 비루한 이력서에서나 볼 법한 모습이었다. 학교에 다니기 시
작한 날과 끝낸 날은 적혀 있었지만, 그 사이에 있는 어떠한 것도
사회적으로 중요하지 않았다. 꿈에 대해 말하며 새벽에 가장 값

싼 사발면을 입에 욱여넣던 것이나, 의미 없는 사랑을 의미 있게 꾸며 귀에 속삭이는 것이나, 실패한 사람의 옷깃에 절어 있는 술 냄새를 맡았던 것은 전혀 이 사회가 굴러가는 데에 필요하지 않았다. 그래서 그냥 내 학창 시절이 잘 기억나지 않는다고 했다. 당연히 좋지 못한 이력서였다.

플로브디프는 오래된 도시였다. 홀로 인포메이션 센터를 지키고 있는 굳센 인상의 아주머니 말로는 그랬다. 그녀는 이곳이 유럽에서 가장 오래된 도시라고 자신 있게 말했다. 아주 오래전에 살았던 사람들의 집들을 둘러볼 수 있고 그 사람들이 걷던 골목들을 걸을 수 있다고 했다.

몇 푼의 돈을 내고 중세 언저리에 살았던 사람들의 집을 구경했다. 대문을 열면 몇 가지 그림들이 걸려 있었다. 보통은 집주인을 그려낸 초상화가 중심을 차지했다. 영정을 바라보며 다소곳하게 부러워했다. 나는 집이 있다는 기분을 평생 느껴보지 못했다. 늘 여기저기를 옮겨 다녔다. 지금으로부터 몇백 년 전의 사람이 자신의 보금자리를 완성하고 느꼈을 안도감을 감히 상상할 수 없었다.

계단을 올라가 침실을 구경했다. 이 작은 공간에서 얼마나 많은 것들이 태어나고 살아가고 스러져 갔는지 알 수 없었다. 신분 고하를 막론하고 타인의 사적인 공간을 구경하는 것은 압도적인 먹먹함을 가지고 온다. 서로를 향했던 은밀한 밀어와 높은 교성은 이제 어디서도 찾아볼 수 없었다. 가끔은 이 공간을 환희와 웃음

소리가 가득 채웠을 것이다. 또 어떤 시간에는 비참함과 울먹임이 새겨져 있을 것이다. 그 어떤 것도 더 이상 찾아볼 수 없는 공간에 덩그러니 침대만 남아 있는 것이 그렇게 억울할 수가 없었다.

응접실에는 고풍스러운 탁자가 덩그러니 놓여 있었다. 누군가 차를 마시고 술을 마시고 우유를 마셨을 공간에는 더 이상 아무런 인간의 향기가 남아있지 않았다. 내 방에 있는 이십 년 넘은 책상이 문득 생각났다. 나는 중세 시대 사람도 아니고 유명한 사람도 될 가능성이 없었으니 내가 아끼는 하얀 책상은 어째 누군가에게 오래 관찰되기에는 벌써 글러 먹은 것이다.

내가 세상을 떠나면 그 책상은 보관되기는커녕 대형 폐기물 스티커나 붙여져서 누군가가 땀을 뻘뻘 흘리며 분리수거장까지 옮겨야 할 터였다. 멀리 떨어진 행정복지센터에 가서 번호표를 뽑고 기다리고 서류를 작성하고 계산하며 다 지쳐버린 공무원에게 스티커를 받아야 할 누군가에게 미안해졌다. 그러한 일련의 과정들이 얼마나 지겹고 귀찮은지 퍽 잘 알고 있다.

창가를 괜히 몇 번 쓰다듬었다. 때로는 죽어 있는 것을 매만지는 것이 살아 있는 것을 쓰다듬는 것보다 더 큰 위로를 준다. 살아있는 것은 떠나간다. 오히려 죽어 있는 것은 떠나가지 못한다. 모든 죽어 있는 것을 생각하다가 갑자기 배가 고프다는 결론에 다다랐다. 온갖 죽은 것의 슬픔은 가끔 어이가 없을 정도로 쉽게 사라지고는 한다. 사실 그래야만 살아 있는 것이 살 수 있을지 모른다.

그렇지 않다면 나처럼 온갖 것에 쓸데없이 슬퍼하는 사람들은 이미 죄다 졸도했을지도 모른다.

누군가의 집은 돈을 내고 구경해야 하는 곳이었지만 골목은 언제나 늘 그렇듯 어떤 의무도 필요하지 않았다. 들어가 볼 만한 여러 예쁜 집들이 많았지만, 굳이 많은 시간을 길을 걷는 데에 썼다. 일을 마무리하러 가야 하는 직장인의 초조함으로 길을 걸었다. 결혼을 앞둔 새댁의 부끄러움으로 길을 걸었다. 저 앞에 무엇이 있는지 모르는 어린아이의 두근거림으로 길을 걸었다. 같은 길이지만 모두 다른 길이었다. 불필요하게 상상력이 좋다면 그저 길을 걷는 것만으로도 여행이 된다.

작은 관광지다 보니 길을 걸으며 보았던 사람들을 계속 다시 마주쳤다. 처음에는 그저 서로 눈만 마주치고 말았지만, 그 이후로는 웃으면서 안녕이라는 인사를 건넸다. 세 번째 만난다면 운명이라며 밥이라도 한 끼 하자고 하려고 했지만, 세 번째 만나는 우연은 없었다. 조금 지쳐서 성벽 근처 길에 앉아서 쉬었다.

고양이들이 몇 마리 돌아다녀 함께 놀았다. 한국의 고양이들은 손길을 주면 가까이 오기는커녕 하악질이나 하고 츄르를 줘봐야 다 먹고 나면 도망치고는 한다. 불가리아 고양이들은 자본주의를 덜 배운 것이 분명했다. 에메랄드빛 눈동자를 멍하니 보고 있으면 조용히 다가와 곁에 앉았다. 고양이는 혼잣말하기 딱 좋은 생물이다. 강아지에게는 영 할 수 없는 것이다. 강아지에게 혼잣말

하면 뭔가 눈물을 뚝뚝 흘리면서 나를 꼭 안아줄 것만 같다. 그것
은 좀 부담스럽다.

"이제 조금 있으면 서른인데. 일도 찾아야 하고 돈도 벌어야 하
고 결혼도 해야 하는데. 나 이렇게 여행이나 다녀도 되는 걸까?"

고양이에게 혼잣말했다.

고양이는 아무런 관심이 없었고 앞발을 핥더니 몸을 말고 낮잠
을 잤다. 그런 무관심한 것이 필요했다. 고양이가 고마워 쓰다듬
어 주려고 손을 뻗었지만 금세 도망갔다.

말은 통하지 않아도 괜찮았다

　　허기가 진다는 것은 다행스러운 일이다. 계획 없는 여행을 하는 사람에게는 더욱 그렇다. 더 이상 어디에 갈지 고민할 필요도 없고 무엇을 하며 시간을 보내야 할지 생각할 필요도 없다. 선택지는 밥을 먹는다는 것 하나만 남고 지워진다. 나아가야 할 선택지가 줄어든다는 것만으로도 복잡한 머리가 자유로워졌다. 역설적인 일이다. 자유롭게 살겠다고 발버둥 치던 나는 오히려 자유도가 떨어지는 삶에 큰 매력을 느끼고 만다.

　버거를 판다고 그려져 있는 식당에 들어갔다. 버거는 분명히 버거였다. 토끼 고기 버거라는 것이 문제라면 문제였다. 하긴 확실히 햄버거라고 쓰여 있진 않았으니까 이 잘못은 오롯이 나의 것이었다. 초등학교 때 반에서 키웠던 토끼의 눈망울은 배고픔 앞에서 잊혔다. 사실 토끼의 이름조차 기억나지 않는다. 하얀색 털을 가지고 있었으니까 흰둥이 아니면 구름이 정도였을 것 같다. 토끼 고기 버거와 레모네이드를 주문했다.

　배가 고팠다. 종일 걸어 다녀서 그런지 끔찍하게 배가 고팠다. 배고픔 앞에선 모든 것이 평등하다. 죽을 것만 같은 슬픔도 죽어도 여한이 없는 행복도 배고파지면 말짱 도루묵이다. 살다 보면 평생 밥도 입에 댈 수 없을 정도로 격한 감정이 찾아온다고들 하는데 나는 아직 그런 것을 찾지 못했다. 하루쯤 그렇더라도 그다음 날에는 무언가를 입에 넣고 씹어 위 속으로 넘겨야 했다. 그럴 때면 낙타나 곰 같은 것이 부러웠다. 살고자 밥을 먹는 것보다는 감정에 취해 아무것도 하지 못하는 것이 좀 더 멋지지 않은가. 어쨌든 토끼 고기 버거는 그럭저럭 먹을 만한 것이었다. 익숙한 맛도 아니었고 아주 특이한 맛도 아니었지만 배고픔을 지우는 것에는 확실히 효과적이었다.

　배고픔이 사라지자마자 온갖 고민이 다시 마음속에 들어왔다. 저녁 정도에나 돌아가는 기차가 있다고 했으니 세 시간 정도를 버터야 했다. 근처에 고대 로마 극장이 있다고 해서 느리게 발걸음을 옮겼다. 받아 든 표에는 '필리포폴리스 원형 극장'이라고 쓰여 있었다. 분명히 어디선가 들어본 이름이었는데 기억은 잘 나지 않았다. 교양 수업 때 지나치며 들었던 것 같기도 하고 축구 게임을 하다가 본 것 같기도 했다. 하여튼 플로브디프는 과거에 필리포폴리스라는 이름으로 불렸던 것 같았다.

수많은 사람이 노래하고 춤추고 구경했을 극장에는 아무도 없었다. 아마도 그 먼 옛날에도 고양이는 있었을 것이 분명했다. 사람 하나 없는 곳에 고양이 두 마리 정도만 햇볕을 쬐며 눈을 감고 잠을 자고 있었다. 사람이 멸종되어도 고양이는 남아있지 않을까 싶었다.

사람은 없었지만, 극장은 아름다웠다. 가운데 무대를 하얀 대리석으로 된 돌계단들이 반원형으로 둘러싸고 있었다. 계단은 서로 폭이 꽤 넓었다. 아마 어린아이들은 꽤 난처했을 것이다. 계단은 엄마 손을 잡고서도 올라가기에 조금은 벅찬 높이였다. 하지만 엄마 품에 안겨 가기엔 계단이 너무도 많았다. 하긴 혹시라도 안겨 있는 것을 본다면 동네 친구들이 한두 달쯤은 놀려댔을 것이다.

다 큰 어른은 엄마 없이 성큼성큼 계단을 올라가 여러 시점으로 무대를 바라봤다. 어디가 비싼 자리일지 궁금해서 위치를 계속 옮겨 다녔다. 답은 간단했다. 고양이가 자는 곳이 바람도 잘 불고 햇볕도 따스하니 딱 좋았다.

가운데에 있는 무대에 서면 압박감이 들었다. 돌계단은 그만큼 많고 높았다. 사람들이 저 계단에 걸터앉아 나를 지켜보는 상상을 했다. 끔찍한 일이었지만 해보고 싶었다. 나는 단둘이 있으면 말이 적어지고 서너 명이 있을 땐 꽤 대화를 주도하고 여러 명이 모일 때는 아무 말도 하지 않는다. 반대로 수많은 사람 앞에 서야 할 때는 또 말이 많아진다. 소모임에서 만났던 옛 인연이 내가 그렇게 조용한 줄 몰랐다며 떠나갔던 것이 갑자기 생각이 났다. 그녀에게 궁금한 것이 없어 조용히 있었던 나는 헤어지고 나서야 궁금한 것이 많아졌다. 아무래도 피곤한 성격이다.

혼자 강승윤의 '비가 온다'를 한 곡 부르고 기차역으로 향했다. 비가 오지도 않는데 비에 대한 노래를 불러서였는지 표를 팔아야 하는 매표소는 닫혀 있었다. 뭐라고 쓰여 있기는 했는데 당연히 읽을 수가 없었다. '화장실에 다녀올게요'이길 바랐지만 한 시간 동안 오지 않은 것을 보니 아닌 것 같았다. 그런 변비는 있어서는 안 된다.

누가 봐도 굉장히 난처하고 어쩔 줄 모르는 표정으로 역 가운데에 서 있었다. 적당한 간격으로 머리를 긁고 한숨을 쉬었다. 어떤 아주머니가 말을 걸었다. 서로 대화는 통하지 않았지만, 아주머니는 어딘가로 나를 끌고 갔고 그곳에서 표를 살 수 있었다. 역시 세상은 불쌍해 보이는 바보를 홀로 내버려 둘 만큼 삭막하지 않다. 이것은 어떠한 내 믿음과도 같은 것이었고 불가리아 사람들은 그 믿음을 저버리지 않았다.

"블라고다랴!"

아주머니에게 엄지손가락을 치켜들며 외쳤다.

아주머니도 엄지손가락을 치켜들었다. 말은 통하지 않아도 괜찮았다. 아주머니를 보내고 대기실에서 시간을 보냈다. 노숙자인 것 같은 사람이 와서 호주머니를 가리키며 돈을 달라고 했다. 옆에 있는 아저씨가 노숙자에게 저리 가라고 호통쳤고 내게는 미안하다며 저런 사람에게는 절대 돈을 주지 말라고 했다. 여전히 말은 통하지 않아도 괜찮았다.

도망치기 위해 떠나야만 했다

　　새벽에 잠이 깼다. 가끔 그다지 사랑하지 않
는 사람에게 사랑한다는 편지를 쓰려고 굳이 새벽에 일어난 적
이 있다. 누군가를 좋아하기 참 어려워하는 사람에게 인연은 큰
의무감으로 다가올 때가 있다. 네 시 정도의 온도와 습도는 누군
가를 사랑하기에는 최고의 상태이다. 상대가 누구인지는 크게 중
요하지 않다. 그래서 아마도 그 편지의 주인은 한 명이 아니었을

지도 모른다.

편지지를 다 채우고 나서 생기는 작은 죄책감은 늘 편지 봉투에 넣어 함께 봉했다. 편지라는 것은 묘한 것이라 글쓴이는 더 이상 읽을 수가 없고 읽은 이에게 오롯이 운명이 맡겨져 버리는 것이다. 가끔은 내가 쓴 편지들의 운명이 어떻게 되었는지 궁금해하고는 한다. 새벽에 쓸 필요가 없었던 편지가 몇 장이 있다. 그것만은 살아있기를 바라지만 그것도 모를 일이다.

새벽에 깬 이유는 자의가 아니라 타의였다. '+1'로 시작하는 번호에서 전화가 오고 있었다. 전화를 끄고 잠이나 더 자고 싶었지만 대체 미국에서 오는 전화는 어떤 스팸일지 궁금해서 복도로 나가 전화를 받았다.

"좋은 아침! 석지호가 맞나요?"

놀랍게도 한국말이 아니라 영어가 들렸다.

"네 맞아요. 아침은 아니고, 새벽이에요. 혹시 누구세요?"

내가 물었다.

"여긴 캘리포니아예요! 당신의 지원서가 통과되어서 1월 말에 인터뷰 초대를 하려고 전화했어요. 한국은 지금 9시인 줄 알았는데 미안해요!"

그야말로 자다가 봉창 두드리는 소리였다. 머리가 잘 돌아가지 않았다. 통화 음질이 잘 좋지 않다고 혹시 메일로 내용을 보내줄 수 있냐는 변명을 하고 전화를 끊었다. 실제로 뭐라고 하는지 잘 안 들리기도 했지만 어째 얼굴도 모르는 중년 남성이 연발하는 미안하다는 말은 듣기에 어색한 것이었다.

한 달 전에, 전역을 하면서 몇 군데 대학원에 원서를 넣었다. 자기소개서를 수십 번은 고쳤던 것 같다. 가장 구성하기 어려운 문단은 왜 대학원에 가냐는 질문에 대한 답이었다. 사실 아직도 알 수가 없었다. 그래서 지원을 끝내고 나서는 취직을 위한 자기소개서를 썼다. 자아가 서너 개는 되었을 것이다.

하여튼 대학원 인터뷰는 먼 이야기겠거니 하며 발칸 반도에 발을 디딘 것이었는데 사람 일은 참 알 수가 없었다. 집에 가서 인터뷰 준비를 해야 한다는 생각이 들었다. 갑자기 화가 났다. 감히 '그따위 것'이 내 여행을 망칠 수는 없었다. 분명 지금까지는 한국어가 두려워 도망친 겁쟁이의 여정이었지만, 갑자기 이 여행은 내 자유와 사유를 위해 필수적인 운명 같은 것처럼 느껴졌다. 해가 뜨면 한국으로 가는 비행기 표 대신 다른 나라로 향하는 버스 표를 사야겠다고 결심하고 다시 잠을 잤다.

새벽은 확실히 인간에게 위험한 것이다. 인터뷰는 '그따위 것'이 아니라 내 인생에 몇 없는 기회였다. 하지만 남자로 태어나 한 입으로 두말을 할 수는 없으니 당장 한국으로 돌아갈 수는 없었다. 듣는 사람이 하나 없어도 그랬다. 인터뷰 3일 전에 한국에 도착하는 비행기 표를 샀다. 낭만의 마지노선이었다. 도착하고 짐을 풀고 바로 미국으로 향하면 늦지는 않을 것이었다.

다른 나라로 떠나야겠다는 결심은 호스텔 로비에서 천장을 보고 누워 있을 때 한 번 더 확실해졌다. 한국인 발룬티어와 인사를 했다. 잠시 후에 재훈과 인사를 했다. 재훈 옆에는 누가 봐도 한국인이 확실한 사람이 한 명 서 있었다. 허탈하게 웃으면서 안녕하냐는 인사를 건넸다. 한국어에서 도망치고자 도착한 나라에서 한국인만 연달아 세 명을 만났다. 이쯤 되면 운명이었다.

아직 한식이 고픈 게 분명한 재훈은 저녁에 삼겹살을 구워 먹자는 제안을 했고 나는 고개를 끄덕였다. 재훈과 '형님'은 심지어 같은 방을 쓰고 있는 것 같았다. 저녁 약속을 잡고 국경을 넘을 버스를 알아보러 갔다. 도망치기 위해 떠나야만 했다.

트램을 타지 않고 굳이 오래 걸었다. 불가리아의 가장 큰 매력은 수많은 골목에 있다. 발길을 딛는 골목 모든 곳에는 그라피티가 그려져 있다. 페인트로 벽에 낙서하는 것이야 세상 어디에서도 볼 수 있는 것이었지만 불가리아에서는 조금 달랐다. 아름다운 상상을 할 수 있는 것들이 많았다.

분전함에 그려진 초콜릿 파티를 하는 순록이나 지하도에 그려진 말 탄 기사를 보며 걸음을 멈췄다. 이름도 어려워 외우기도 힘든 누군가의 미술관 특별전을 보는 것보다 재밌었다. 이름도 알 수 없는 누군가는 돈을 위한 것도 아니고 명예를 위한 것도 아닌 어떠한 목적으로 거리에 그림을 그렸다. 그 무형의 쓸데없음을 보고 적당한 아름다움을 느꼈다. 불가리아의 골목에는 그러한 쓸데없는 아름다움이 곳곳에 새겨져 있었다. 그래서 짧은 길도 오래 걸었다.

조금은 익숙해진 키릴 문자를 읽으며 마케도니아행 버스를 예약했다. 마케도니아에 대해 아는 것은 불가리아랑 가깝다는 것밖에는 없었다. 마케도니아 여행을 검색해 봐도 한국어로 된 후기는 눈을 씻고 봐도 찾기 어려웠다. 괜히 흡족해졌다. 이번에는 드디어 한국어에서 도망치는 여행을 할 수 있을 것만 같았다.

저녁에는 재훈과 '형님'과 함께 삼겹살에 라면을 먹었다. 발룬티어는 흔쾌히 김치를 내주었다. 누군가가 조금이라도 먹고 싶어 하는 모습이 보이면 주려고 고기를 넉넉하게 사 왔지만, 그 고기는 다 우리 입으로 들어갔다. 고기며 김치 냄새가 날 것 같아서 조금은 부끄러웠지만 홍조는 소주와 맥주 사이에서 쓱 들어갔다. 그 어떠한 무신경함과 무기력함이 매력적인 호스텔이었다. '형님'에게도 짓궂은 질문을 던졌다.

"불가리아에는 왜 오셨어요?"

'형님'은 내 예측과는 다르게 꽤 긴 이야기를 시작했다. 재훈과 '형님'은 여행했던 곳들에 대해 공유하며 어떤 곳이 가장 좋았다는 여행자다운 이야기를 계속했다. 여기는 비자 문제 때문에 며칠 후에 떠나야 한다거나, 저기는 물가가 싸고 오토바이를 타기 좋다는 얘기가 이어졌다. 거기는 인생을 살며 꼭 가야 하고 아직 유명하지 않은 어디는 밤늦게 놀기에 최고라는 것 같았다. 세상

많은 곳을 보고 왔던 이 사람들에게 불가리아는 어떻게 기억될까 궁금했다. 내가 보았던 길과 골목을 보여주고 싶었지만 아무래도 그런 것은 보잘것없어 조용히 있었다. 결국 '형님'의 이름조차 알 수 없는 대화였다.

Chapter 3.

마케도니아, 슬퍼요

서로가 노력할 필요가 없는 사이다

　　　　여덟 시간을 넘게 달려야 한다는 버스는 별로
크지 않았다. 동네 태권도 학원 버스랑 크게 다르지 않은 구조였
다. 기사는 아침 일찍부터 일어나서 그런지 화가 많이 나 있었다.
큰 캐리어를 두 개나 가져온 미국인과 실랑이를 벌였다.
　커피를 홀짝이면서 불가리아 사람과 미국 사람이 러시아 사람
의 더듬거리는 통역을 통해 싸우는 것을 보는 것은 재밌는 일이

었다. 긴 불가리아어와 그보다 더 긴 영어는 머리를 박박 깎은 러시아 사람에 의해 본인 머리보다 짧은 러시아어로 바뀌었다. 덕분에 예상 시간을 조금 넘어서 출발했지만, 불만은 하나도 없었다. 어차피 버스에서는 지루할 일밖에 없기 때문이다.

서로가 노력할 필요가 없는 사이다. 버스를 함께 탄다는 것은 그렇다. 같은 출발지와 같은 목적지를 가지지만 굳이 서로 알 필요가 없어져 버리고 만 관계. 꽤 긴 시간을 어깨를 맞대며 가야 하는데도 그렇다. 호스텔 로비에서 봤다면 어색하게나마 인사를 했을 사람들이 버스에 탔다는 사실 하나만으로 아무런 말이 없어졌다.

대화할 필요가 없다는 것이 편하기는 했지만 그런 관계가 있다는 것이 조금 슬펐다. 아무런 말 없이 버스는 마케도니아로 향했다. 저장해 둔 드라마라도 봤다간 멀미할 것 같아 창밖을 쳐다보며 시간을 보냈다. 크게 눈길을 끌만 한 것은 하나도 없었다.

이렇게 할 만한 것도 없고 할 수도 없는 상황을 좋아한다. 이럴 때면 머리를 스쳐 가는 몇몇 문장들을 붙잡아 둘 수 있다. 나는 이런 것을 '문장 낚시'라고 말하는데 가끔 느낌 있는 문장이 낚일 때가 있다. 하지만 글은 쓰기 귀찮아서 문장을 메모해 두고 핸드폰에 저장해 둔다. 마치 냉동고 어딘가에 처박아 둔 생선 같다. 마음잡고 청소하기 전까지는 기억도 나지 않는다.

그래도 가끔 심심할 때면 문장을 녹여 양념을 넣고 글을 쓰고는 한다. 요즘은 편지를 쓸 대상이 없어서 수필을 쓴다. 가끔 서로 편지만 쓸 수 있는 사이가 있으면 좋을 것 같다고 생각한다. 요즘 세상은 편지를 쓰는 것이 꽤 수치스러워진 세상이라 연인 정도가 아니면 쓸 수가 없다. 보내는 사람도 받는 사람도 부담스럽다. 오늘 낡은 문장은 '명도가 낮고 채도가 높은 날이다'와 '발치의 강가는 주름이 졌다'라는 문장이었다. 무슨 의미가 있는지는 낡은 나도 모르겠다. 그냥 그런 생각이 났다.

여행할 때 나라의 이미지를 결정하는 세 가지 요소가 있다. 유심과 택시 기사와 '김밥천국'이다. 거창한 것이 아니다. 화려한 볼거리와 끝내주는 음식 같은 것은 생각보다 중요하지 않다. 그런 것은 사실 세상 어디서나 운 좋으면 얻을 수 있는 것이다.

하지만 쉽게 살 수 있는 유심과 갑짜 부리지 않는 택시 기사와 혼자 어색하지 않게 식사할 수 있는 평범한 식당은 찾기 어렵다. 그런 것은 여행이 아니라 그 나라에서 사는 것이 삶의 일부가 될 때나 되어야 편하게 접할 수 있는 것이다. 살다 보면 아무리 검색해도 아무리 찾을 수 없는 삶의 작은 지혜 같은 것이 분명히 있다.

마케도니아의 수도인 '스코페'에 도착했다. 버스정류장에서는 유심을 살 수 있는 곳이 없어 버스를 기다리는 사람들에게 유심 파는 곳이 있는지 물어봤다. 마케도니아 사람들은 친절했다. 세 군데에서 허탕을 쳤지만, 사람들은 지도를 보여주며 유심을 살 수 있는 곳을 손으로 짚어 줬다.

심지어 잘못 들어간 전자기기 판매점에서는 유심 파는 곳이 가깝다며 함께 걸어가 주기도 했다. 도착한 곳이 유심과는 아무런 상관이 없는 문구점이라는 게 문제였다면 문제였다. 전자레인지 파는 사람과 크레파스 파는 사람은 서로 머리를 맞대고 어딘가로 몇 번 전화하더니 결국 답을 알려줬다. 팔 것이 없는 사람은 그냥 단순히 고마워할 수밖에 없었다. 엄청 기쁜 표정으로 유심을 샀고, 사는 김에 마케도니아어를 조금 배웠다. 여전히 필요한 말은 세 가지뿐이었다. 감사합니다, 미안합니다, 사랑합니다.

두 시간 정도를 유심을 사는데 허비하고 다시 버스터미널로 돌아갔다. 저 멀리서도 나를 지켜보는 게 느껴졌다. 하긴 캐리어 하나 질질 끌면서 여기가 어딘지 모르겠다는 표정으로 돌아다니는 동양인은 딱 택시 가격으로 등쳐먹기 딱 좋은 것이다. 늑대들이 택시를 외치며 다가왔다. 양은 한 마리였다. 그리고 양은 조금 어딘가 나사가 빠진 것 같았다.

"알렉산드리아 광장! 얼마예요!"

늑대들 사이에서 양이 영어로 외쳤다. 택시 기사들은 서로를 바라보며 이게 무슨 상황인지 이해하려 애썼다.

"알렉산드리아! 데나르!"

다시 한번 외쳤다.

광장이 마케도니아어로 무엇인지 몰랐다. 얼마인지 묻는 표현도 알 수 없었다. 그래서 마케도니아 화폐 단위를 외쳤는데 어쩄

든 의미는 전달된 것 같았다. 이 무식한 방법은 돈 없는 새내기 시절 속초 회 시장 어딘가에서 외쳐보고 나서부터 세계 여기저기서 써먹은 효과적인 방법이었다. 참고로 속초에서는 서로 경쟁하는 상인들 덕에 값싸게 광어를 먹을 수 있었다.

마케도니아 택시 기사들은 서로 앞다투어 경쟁하지 않았다. 오는 걸음을 멈추고 사람 좋게 웃었다. 미리 검색해 본 가격보다 훨씬 싼 가격이었고 심지어 한 명은 안에 있는 미터기 비슷한 것을 보여주며 괜찮다고 웃었다. 막상 그 미터기는 고장이 나 있었지만 어쨌든 숙소에 잘 도착할 수 있었다. 마케도니아가 굉장히 마음에 들기 시작했다.

호스텔 근처에는 '김밥천국'이 많았다. 비싸지도 않고 혼자서 들어가기 부담스럽지도 않고 예의를 크게 차릴 필요도 없고 사람도 너무 많지 않고 심지어 그 나라의 음식을 자연스럽게 먹을 수 있는 곳. 딱 김밥천국 같은 곳이 나처럼 여행하는 사람들에겐 너무나 귀한 존재다. 보통 맛집을 검색하면 딱 봐도 부담스러운 레스토랑이나 찾을 수밖에 없기 때문이다. 그렇다고 여기까지 와서 '차이나 덤플링'이나 '이탈리안 피자'를 먹기엔 조금 그렇지 않은가.

간판이 다 떨어진 식당에 들어갔다. 음식을 고르면 아주머니가 그릇에 담고 무게를 따져서 값을 매기는 것 같았다. 마케도니아 음식을 달라고 했다. 아주머니는 몇 개를 손으로 가리켰고 나는 콩과 닭으로 된 음식을 골랐다. 선택은 완벽했다. 아주머니에게 손가락 따봉과 함께 같은 음식을 한 번 더 부탁했다. 완벽한 하루였다.

한 블록마다 동상이 있었다

　　여덟 시쯤 일어나 동네를 한 바퀴 돌았다. 사
람들이 저마다의 삶을 살아가고 있었다. 학생들은 학교에 가고 직
장인들은 회사로 향했다. 나는 아무것도 아닌 것에 속해서 갈 곳
을 고민해야 했다.

　마케도니아 사람들은 아침 식사로 피자가 거북하지 않은 듯했
다. 정류장 근처에서 조각 피자를 하나씩 물고 버스를 기다리고

있었다. 버스를 기다릴 필요는 없었지만 피자 한 조각을 사서 우물거렸다. 맛은 없었다. 원체 하루가 바쁜 사람들을 위한 아침은 그런 것이다. 어떻게든 몸에 에너지를 넣어 재부팅을 하기 위한 것에 불과하다. 평소에 아침을 먹기 싫은 것은 그런 우악스러운 재부팅에 지쳐서일지도 모른다.

어디로 가야 할지 고민했다. 불가리아에서의 경험을 되살려 무료 투어를 찾았다. 잘 모르는 사람들 사이에 속해 돌아다니는 것이 싫어서 먼발치에서 무리를 따라다니며 구경할 예정이었다. 마침 투어가 시작되는 곳은 내가 있는 곳에서 멀지 않은 곳이었다.

알렉산더 대왕 동상이 있는 '알렉산드리아 광장'에 도착했다. 예상한 것처럼 투어 가이드가 한 명 서 있었다. 예상하지 못했던 것은 투어를 가려는 사람이 아무도 없다는 것이었다. 시계를 몇 번 확인했다. 잘못된 시간은 아니었다. 사람이 오기를 끝끝내 기다렸지만 아무도 오지 않았다. 나는 가이드에게 다가갔다.

"안녕하세요! 스코페 도보 투어 맞나요?"

내가 말했다.

"안녕하세요! 오늘은 아무도 없네요!"

'바스코'가 웃으면서 말했다.

살다 살다 무료 투어에 사람이 없는 것은 또 처음이었다. 바스코는 이런 상황이 처음이지는 않은 것 같았다. 가이드 투어를 좋아하지는 않지만 또 번잡함 없는 투어라면 나쁘지 않을 것 같아 기대감이 차올랐다. 하지만 이렇게 사람이 없을 때는 그냥 집으로 돌아간다고 했다. 그는 혹시 모를 지각생들을 위해 10분 정도만 기다려 보자고 했다. 오지 않을 사람들을 기다리며 스코페에서 가 볼 만한 곳이나 맛있는 음식점들에 대해 들을 수 있었다.

"마케도니아는 처음이에요. 어디를 가면 좋을까요?"

내가 말했다.

"마케도니아! 지호는 이 나라의 이름을 정확하게 알고 있네요!"

"마케도니아 맞지 않아요? 다른 이름이 있어요?"

"사람들은 우리를 북마케도니아라고 부르거든요. 그리스와 정 치적인 이유로 이름이 그렇게 됐어요."

"북마케도니아? 처음 들어봐요. 한국에서는 그냥 마케도니아라 고 하는 것 같은데요."

"저는 오늘부터 한국 사람들을 사랑하기로 했어요. 그래도 되죠?"

바스코가 우산을 빙빙 돌리면서 말했다.

바스코는 기다리자고 했던 10분 동안 북마케도니아라는 이름 이 생긴 이유에 대해서 말해줬다. 마케도니아는 원체 그리스나 불가리아까지 포함한 역사적인 지방을 말하는 것이라는 이유로 그리스가 반대했다는 것 같았다. 바스코가 말하는 '멍청한 정치 인 놈들'의 협상에 의해서 2019년에 나라 이름이 북마케도니아 로 변경되었다고 한다.

그는 거리 곳곳에 있는 동상들에 대해서도 말을 이어 나갔다. 불가리아를 그라피티가 채우고 있었다면 마케도니아는 동상들이 채우고 있었다. '멍청한 정치인 놈들'이 돈을 아름답지도 않고 역사적이지도 않은 동상에 돈을 퍼붓는다는 것 같았다. 나는 마케도니아를 북마케도니아로 부르지 않겠다는 약속을 했고 바스코는 남한이 아니라 한국이라고 부르겠다는 약속을 하고 헤어졌다.

정말 한 블록마다 동상이 있었다. 바스코가 말한 대로 확실히 미학적이지는 않았다. 아마도 여행자 대부분은 눈길도 주지 않고 지나갔을 것만 같았다. 하지만 나는 시간이 너무나도 많았고 넘치는 시간을 열심히 써야만 하는 사람이었다. 그래서 이곳저곳 걸어 다니며 동상을 구경하기 시작했다.

마케도니아에서 가장 유명한 장소인 알렉산드리아 광장부터 동상 천지였다. 광장 가운데에는 머리를 목 끝까지 젖혀도 다 보기 힘든 알렉산더 대왕의 대형 동상이 있었다. 대형을 넘어선 초대형 동상은 묘한 압도감을 주었다. 크기에 압도된 것은 아니었다. 몇천 년 지난 사람이 아직도 누군가의 기억에 살아 있었다. 그 긴 시간 속에서도 자유롭게 잊히지 못하고 건축으로 남은 사람의 얼굴을 보며 압도적인 슬픔을 느꼈다.

문득 알렉산더 대왕 동상이 불쌍하다고 생각했다. 오랫동안 멋지고 엄숙한 표정을 지으려면 얼굴이 아플 수밖에 없다. 어차피 동상이 되어야 하는 거라면 대충 누워서 배나 긁고 있으면 딱 좋을 것 같았다. 아무도 안 보고 지나가더라도 확실히 그게 더 나

앉다. 알렉산더 대왕을 중심으로 딱 봐도 뭔가 한 자리 차지했을 것 같은 사람들의 동상들이 즐비했다. 대부분 이름은 적혀 있지 않았다.

어떤 위인들의 동상만 있는 것은 아니었다. 구두 닦는 사람들이 있는 거리에는 구두닦이 동상이 있었다. 시계나 옷 같은 명품을 파는 가게들 앞에는 노숙자 동상이 있었다. 정육점 근처에는 소 동상이 있었다. 마케도니아 사람들은 해학의 미를 알고 있었다. 노숙자 동상 앞에서 빵을 먹으며 시간을 보냈다. 아름답지도 않고 괴팍하게 생겼지만, 그 동상이 나타내는 역설이 좋았다. 대체 어떤 예술가가 부자들의 거리에 노숙자 동상을 세우겠다는 생각을 했고, 어떤 행정가가 그걸 승인했는지 모를 일이었다.

재미없어 보이는 박물관을 뒤로하고 하루 종일 작은 동상들을 찾아다니며 사진을 찍었다. 사진은 추억을 남기는 방법이다. 추억은 단순한 기억이 아니라 그 위에 알 수 없는 무언가를 뿌려 덧칠하는 것이다. 잠이 오지 않는 날에 오늘의 기억을 꺼내 놓고 색이 바래지 않게 달빛에 말려 놓을 예정이었다. 보통 다 마른 추억은 두어 번 접어 마음 한편에 모아두었다. 그래야 기억이 오래 남았다.

발치의 강가는 주름이 졌다

    '바르다르'라는 이름의 강은 마케도니아의 수도인 스코페를 가로지른다. 강물 속에도 헤엄치는 누군가의 동상이 있다. 확실히 마케도니아 사람들은 동상에 미쳐 있다. 백 미터가 채 되어 보이지 않는 돌다리 위에서 강을 내려다보았다.

  강이 흐르는 것을 바라보면 마음이 묘하게 편안해진다. 멈춰 있는 호수와는 다르다. 강 앞에서 터놓는 고민은 알 수 없는 곳으로 흘러가 사라질 것만 같다.

조용히 강가를 걸었다. 바람은 별로 불지 않았다. 어린아이들의 재잘거림을 피해 한적한 곳에 내려앉았다. 눈을 감으면 강이 움직이는 소리가 들린다. 강이 흐르는 소리는 다시 나를 차분하게 한다. 강은 크지만, 소리를 내지 않는다. 나는 터무니없이 작지만, 늘 큰 소리를 낸다. 몇 분 숨죽여 강의 소리를 귀에 담다가 눈을 떴다.

발치의 강가는 주름이 졌다. 계속 흐르면서 모양을 바꾼다. 소용돌이치다가 금세 사라지고 일직선으로 내지르다가 바스러진다. 흐르는 물을 바라보다가 문득 반대편 강가의 물을 바라보았다. 멀리 있는 강은 부서지지 않는다. 그저 어느 정도 흐르고 있음을 짐작할 뿐이다.

삶은 언제나 슬프게 부딪히는 것의 일련이다. 꽤 빠르게 부서지고 다시 세울 즈음이면 깨져 버린다. 다른 사람이 보기엔 그렇지 않을지 모른다. 다른 사람들은 그저 반대편 강가에서 내 삶이 흘러가는 것을 바라본다. 어떠한 높낮음이 있는지 알 수가 없다. 나 또한 먼발치에서 다른 사람의 하루를 멍하니 바라본다. 내가 다른 사람의 슬픔을 알 수 없듯 타인이 내 슬픔을 알 수 없는 것은 당연한 일이다.

바르다르강 근처에는 여러 박물관이 있다. 많은 동상이 박물관 주변을 둘러싸고 있다. 마케도니아 도둑은 웬만한 강심장이 아니면 하기 어려울 것 같았다. 무사히 물건을 훔치고 나와도 골목 여기저기 몰래 숨어 있는 동상과 마주치면 심장마비 걸려 쓰러지기에 딱 좋았다.

'홀로코스트 박물관'으로 목적지를 정했다. '홀로코스트'는 제2차 세계대전 때 독일이 자행한 유대인 학살이다. 나치 독일은 이를 통해 유럽 땅의 유대인들의 씨를 말리려고 했다. 박물관 앞에는 무언가를 끌어안고 신발을 팔고 있는 남매의 동상이 있었다. 가까이 다가가도 안고 있는 것이 무엇인지는 알 수 없었다. 소중한 것이라는 것만은 확실했다. 소중한 것을 지켜야 하는 사람만이 그런 표정을 지을 수 있다.

들어서자마자 나치에게 희생당한 사람들의 명단이 적혀 있는 대리석이 있었다. 그 옆에는 사망자들의 사진이 걸려 있었는데 특이한 것은 몇 개의 액자는 비어 있다는 것이었다. 비어 있는 액자에는 거울이 걸려 있었다. 죽은 사람들의 사진 사이에서 내 얼굴을 바라보는 것은 묘한 감정을 가져왔다. 좋은 전시라는 생각을 했다. 구성은 전체적으로 괜찮았다. 과하게 슬퍼하지도 않았고 억지로 외면하지도 않았다. 적당한 정도의 감정이 박물관 곳곳에 색칠되어 있었다.

강을 따라서 걸으며 '마케도니아 고고학 박물관'에 들어갔다. 짧은 단어만 알아서는 구경하기 힘든 곳이었다. 오래되어 보이는 돌덩어리 밑에는 무어라고 꽤 긴 설명이 쓰여 있었는데 의미를 알 수가 없었다. 누군가의 무덤인 것 같았다. 알렉산더 대왕일지도 모르겠다. 다 부서져서 형체를 알 수 없는 석상도 많았다. 이 동네 사람들은 언제 태어났든 상관없이 무언가를 조각하는 것을 사랑하게끔 되어 있는 것이 확실했다.

박물관에는 분명히 아름답고 의미 있는 전시물이 많았지만, 졸음이 쏟아졌다. 박물관은 늘 여행의 계륵 같은 곳이다. 가면 딱히 재미있는 것은 없는데 막상 안 가기에는 몰상식한 사람 같아서 좀 그렇다.

굳이 따지자면 대학교 교양 수업 같은 느낌이다. 학교에 다닐 때 감수성 메마른 이공계 소리를 듣기 싫어서 영화나 방송이나 춤 교양을 많이 들었다. 그때 졸려서 죽을 수도 있다는 말이 거짓이 아님을 알게 됐다.

'이성과 식물원에 다녀와서 보고서를 쓰면 가점을 주겠다.'라고 했던 화훼과학 전공 수업이 더 재미있었다. 치킨을 담보로 보고서를 세 개나 써냈지만 세 명 다 내게 아무런 이성적 관심이 없었다는 사실을 깨달으며 세상의 상식을 뼈저리게 알게 됐다. 어쨌든 1교시 수업을 듣는 기분으로 꾸벅꾸벅 졸며 박물관 관람을 마쳤다.

박물관에서 나와 반대편 강가를 걸었다. 낚시하는 아저씨들이 몇 명 있어서 그 주변에 앉아 그들을 구경했다. 낚싯대를 꽤 많이 끌어 올렸는데도 줄에 걸리는 것이 없는 것을 보면 실력은 그저 그런 것 같았다. 낚시하는 아저씨들과 짧은 대화를 했다. 서로가 하는 말을 잘 이해하지 못했다. 확실한 것 하나는 아무래도 마케도니아 정치인들은 인기가 없는 것 같다는 사실이었다.

"저 동상들 다 못 생기지 않았어? 멍청한 정치인들 때문이야."

아저씨가 낚싯대를 들어 올리며 말했다. 물론 잡힌 물고기는 없었다. 온종일 동상을 찾아다니며 좋다고 구경했던 여행자는 조금 민망해져 자리를 피했다.

길거리에서 버거를 하나 샀다. '케밥'이라는 이름이 붙어 있는 버거였다. 아르바이트생으로 보이는 젊은 남자는 감자튀김도 함께 먹을 것이냐고 물어봤다. 당연히 고개를 끄덕였다. 길거리에 앉아 감자튀김과 함께 먹는 케밥 버거는 환상적이었다. 두툼한 빵 사이에 패티 대신 케밥이 들어 있었다. 양배추 같은 것이 있어야 할 자리는 감자튀김이 채우고 있었다.

크게 한입 물면 빵과 케밥과 감자튀김이 한 번에 숨 쉴 틈 없이 몰아쳤다. 분명히 어제 바스코가 마케도니아에서는 다양하고 신선한 샐러드를 주로 먹는다고 했는데 전혀 아닌 것 같았다. 건강한 음식을 사랑하는 사람들이 버거 안에 감자튀김을 넣는 발칙하고 아름다운 상상을 할 리가 없었다.

내 취미는 모든 것에 슬퍼하는 일이다

크리스마스이브를 맞이했다. 거리에는 아무
도 지나다니지 않았다. 따뜻한 커피 한 잔을 사서 로비 한구석
에 자리를 잡았다. 찍었던 몇 장 없는 사진을 보면서 글을 썼다.
커피가 온기를 잃을 시간이 지나자, 아무도 없었던 로비에 한 명
이 들어왔다.

그녀는 커피 한 잔과 책 한 권을 들고 있었다. 눈이 마주쳤다. 그

러니까 내가 '리안'을 만나 이야기를 나누게 된 계기는 우연이었다는 뜻이다.

리안은 지나치게 솔직한 여자였다. 살다 보면 그런 사람들을 몇 명 만나게 된다. 숨겨야만 할 것 같은 이야기들을 아무렇지 않게 뱉어내는 사람들이 있다. 그러한 사람들의 공통점은 문장 마지막에 '이 말은 네게만 하는 거야'를 버릇처럼 붙인다는 것이다. 그럴 때면 여태 했던 말들이 거짓말인 것 같다고 생각하게 된다.

그런 종류의 사람들을 좋아하지 않는다. 하지만 리안은 그런 여자였다. 조심성 하나 없는 맹랑함을 일찍부터 듣는 것은 꽤 피로한 일이었다. 나는 주근깨가 인상적인 여자가 정신병에 걸린 일가족과 전부 절연하고 마침내 만난 남자친구가 자신을 때리고 나서 무릎 꿇고 술을 다시는 마시지 않겠다며 빌고 있다는 이야기를 듣고 있었다.

"그런데 넌 뭘 쓰고 있는 거야? 너 작가야?"

리안이 커피를 홀짝이며 물었다.

"작가는 아니고 그냥 취미 같은 거야. 한국에서 작가를 하려면 자기소개에 정신병 몇 개 있다는 것 정도는 언급해야 하거든."

내가 대답했다.

리안은 깔깔 웃으면서 이유를 물었다. 한국 서점 매대에 걸려 있는 베스트셀러 수필들은 그런 것이 많다고 대답했다. 마치 책을 내기 위한 자격조건 같았다. 나는 쓸데없이 솔직한 책들을 좋아하지 않았다. 우울함이 가득 찬 책들을 읽으면 괜히 피곤해졌다. 또 너무 솔직하지 않은 책들도 좋아하지 않았다. 무조건 괜찮다고 잘 하고 있다고 위로하는 글을 보면 대체 날 알지도 못하는데 왜 내 인생을 긍정하는지 괜히 화가 났다. 그래서 서점에 들르더라도 수 필 코너에는 잘 들리지 않았다. 언제부터인지는 잘 모르겠다. 그 러면서도 늘 수필을 썼다. 모순덩어리인 삶이다.

리안은 내 글들을 읽고 싶다고 했다. 누군가가 내 글에 관심을 둔다는 것은 기쁜 일이었지만 마케도니아 사람에게 한국어로 된 글을 보여주기는 어려운 일이었다. 내 글을 복사하여 구글 번역 기에 붙여 넣었다. 한국어는 영어로 바뀌었고 영어는 마케도니아 어로 바뀌었다. 세상에 공개되지 않을 글들을 굳이 번역까지 해 서 보여주고 있으니 기분이 묘했다. 그녀는 아무런 말도 없이 글 을 읽었다. 로비는 삼십 분 정도 완벽하게 고요했다. 그동안 어제 갔던 홀로코스트 박물관에 대한 글을 완성했다. 일기도 아니고 수 필도 아니고 여행기도 아닌 무엇인가를 다 써냈다.

"되게 슬픈 것 같아."

조용히 있던 리안이 말했다.

"너는 되게 인생을 슬프게 바라보는구나. 그런데 네 인생은 안 슬퍼하고 다른 사람들에 대해 슬퍼하는 게 되게 특이해. 보통은 자기 사는 게 제일 슬픈 게 당연하거든."

리안이 이어서 말했다.

대답하는 것이 어려웠다. 아무래도 내 취미는 모든 것에 슬퍼하는 일이다. 슬픈 것은 우울한 것이나 무기력한 것과는 다르다. 오래 씹은 슬픔은 쓰지 않고 꽤 단맛이 난다. 고급 소금과도 같다. 글을 써야 할 때면 여기저기서 눈물을 모은다. 눈물을 잉크 삼아 글을 쓰면 언젠가 말라 자국만 남는다. 그 눈물 자국에서 소금기를 조금씩 모은다. 나는 내 눈에 보이는 슬픔을 잘 모아 말려서 누군가에게 보여주고 싶다는 마음으로 처음 글을 쓰기 시작했다. 그 사람은 삶을 보는 내 시선을 참 좋아했다. 지금은 뭐 하고 사는지 알 방법도 없는 사람이다.

그런 말들을 리안에게 쏟아낼 수는 없었다. 그래서 저녁을 함께 먹자는 이야기를 했다. 리안은 마케도니아에서 꼭 '샵스카'를 먹어봐야 한다고 했다. 다양한 채소들을 썰어 넣고 그 위를 치즈로 덮은 샐러드 비슷한 음식이었다. 내 샵스카에는 토마토와 오이와 양파가 가득 들어 있었다. 숟가락 가득 오이와 치즈를 퍼먹으면서 리안과 실없는 대화를 했다. 주로 발칸 반도에 대한 이야기였다. 그녀는 발칸의 모든 나라가 알렉산더 대왕과 마더 테레사가 자기나라 사람이라고 소리 높인다고 했다. 하긴 그들이 살았던 시절에는 국경이 달랐을 테니까 이해가 됐다. 발칸 반도는 한반도와 마찬가지로 모든 것이 복잡하고 얽혀 있는 것 같았다.

"네가 가려고 하는 발칸 반도 모든 나라에 알렉산더 대왕 동상과 마더 테레사 성당이 있을걸?"

리안이 냉소적으로 말했다.

"그럼 너는 두 사람 다 마케도니아 사람이라고 생각하는 거지?"

내가 물었다.

"알 게 뭐야? 죽은 사람을 가지고 싸우는 것보다 산 사람끼리 마시는 와인의 맛이 더 중요해."

리안은 주로 말하는 쪽이었고 나는 듣는 쪽이었다. 우리는 가게에서 나와 함께 해가 지고 난 '알렉산드리아 광장'을 보러 갔다. 가족들도 많고 거지들도 많았다. 광장은 그런 어울리지 않는 곳들을 모두 포용하는 넓은 곳이다. 같은 크리스마스이브지만 사람마다 다르게 적힐 하루였다.

밤의 알렉산드리아 광장은 낮과는 조금 다른 느낌이었다. 해가 졌지만, 여러 조명이 발길 닿는 곳을 너무 어둡지 않게 비추고 있었다. 낡은 건물들과 재건축하는 건물들이 함께 광장을 둘러싸고 있었다. 낮에는 공사 중인 곳들이 보기 흉했는데 불이 꺼지고 나니 듬직한 실루엣만 보였다. 대왕을 보호하는 성벽의 느낌이 났다.

"마케도니아 언어로 슬픔을 뭐라고 말해?"

떠오른 궁금증을 내뱉었다.

"타젠. 타젠이라고 해."

리안이 대답했다.

짧은 단어였지만 발음하기 어려웠다. 타젠인지 타잔인지 한동안 실랑이를 하다가 맥주를 사서 마셨다. 빨리 취한 나는 주로 말하는 쪽이었고 리안은 듣는 쪽이었다. 우리는 아마 평생을 다시 보지 못할 사이였다. 서로는 마지막이라는 용기로 참 많은 이야기를 나눴다. 서로가 감정의 찌꺼기를 토해내도 내일이면 '쟤는 외국인이니까'라는 말로 용서가 될 것이었고 일주일만 지나면 크게 기억나지도 않을 것이었다. 그렇게 크리스마스가 왔고 꿈 없는 잠을 푹 잤다. 그날은 어떤 타젠도 없었다.

기분 좋은 배덕감을 마셨다

        마더 테레사는 마케도니아 스코페 지방에서 태어났다. 그리고 인도 콜카타에서 죽었다. 첫 문장과 마지막 문장 사이를 채우기엔 너무나도 많은 이야기가 필요할 것 같았다. 수필보다는 소설에 더 가까웠을 삶을 감히 상상하기가 어려웠다.

리안이 말했듯 마더 테레사의 소유권이 어디에 있는지는 어려운 일이었다. 많은 것을 소유하지 않고 살아간 사람의 업적을 소유하려는 것 자체가 모순이었다. 어쨌든 스코페에는 마더 테레사 기념관이 있었다. 당연히 그 앞에는 두 손을 모으고 기도하는 모습의 마더 테레사 동상이 있었다.

작은 곳이었다. 삐걱거리는 나무 계단을 밟고 올라가니 아주머니가 한 분 계셨다. 수녀인지 자원봉사자인지 공무원인지는 알 수 없었다. 마더 테레사가 사용했다는 책들이나 옷들을 구경하고 그녀가 찍힌 사진들을 보며 그녀의 삶을 상상했다. 맨 위층에는 기도하는 곳이 있었다.

오래된 종교 시설이 주는 특유의 향기가 났다. 천주교 성당은 장교 훈련소에서 처음 가봤다. 훈련소 초반에는 종교 참석이 필수였는데 그나마 사람이 적은 곳이 천주교여서 성당행을 택했다. 미사 내내 들었던 알 수 없는 성경 얘기들은 잘 기억나지 않는다. 다만 수녀 한 분이 불러주는 노래가 아직도 기억난다. 처음 듣는 노래고 무슨 뜻인지도 잘 몰랐지만, 그 노래를 들으면서 충분한 편안함을 느꼈다. 우습게도 그때 전쟁에서 음유시인이 필요한 이유가 이해됐다. 지금은 인간에게 종교가 필요한 이유가 이해된다.

아무도 없는 미사 장소에 혼자 앉아 있었다. 기도를 해보려고 했는데 아직도 딱히 바라는 것이 없었다. 욕심이 없는 것도 아니고 열심히 살지 않는 편도 아닌데 늘 바라는 것은 없었다. 갖고 싶어 하는 것이 하나도 없어서 선물하기 참 어려운 인간이라는 말을 들은 적이 있다. 그때 군이 가지고 싶었던 것을 말하라면 그저 그 사람과 함께 시간을 보내는 것뿐이었다.

하지만 늘 그 사람은 집에서 키우고 있는 고양이를 돌보아 줘야 한다고 말하고 버스에 올랐다. 그래서 집에 돌아오는 길에 쓰레 기통을 뒤지고 있는 고양이를 보며 괜히 화풀이하곤 했다. 고양 이에게 질투를 느끼는 인간은 스스로가 꽤 하찮아 보이기 마련이 다. 아마 그때쯤 만물의 영장 자리를 내려놓은 것 같다. 하찮은 인 간은 적어도 질투는 인간에게 하게 해달라고 기도했다. 마더 테레 사가 잠결에라도 들었으면 기절초풍할 노릇이었다.

숙소에 돌아왔다. 가벼워진 마음으로 맥주 한 캔을 땄다. 낮에 마시는 맥주만큼 나른하게 특별한 것은 없다. 창문을 열고 거리 를 바라보니 사람들이 바쁘게 돌아다니고 있었다. 마침 어제 마 트에 갔을 때 샀던 '김치 신라면'도 가지고 있었다. 해가 쨍한 대 낮에 먹는 맥주 한 캔과 라면 한 컵이면 아무것도 부럽지 않았다. 무언가를 해야만 하는 사람들 사이에서 아무것도 하지 않을 자유 가 있었다. 기분 좋은 배덕감을 마셨다.

맥주는 마케도니아산 맥주였다. 그렇게 믿고 싶었다. 그제 맥주 냉장고 앞에서 직원을 붙잡고 '마케도니아!'를 한 서너 번 외쳤다. 직원이 그 말을 마케도니아에서 만든 맥주로 해석했는지 마케도 니아에서 가장 유명한 맥주로 해석했는지는 모를 일이었다. 어쨌 든 맥주는 맛있었고 오랜만에 먹는 라면은 충분히 자극적이었다. 기껏 하루를 신성한 곳에서 시작해 놓고 알코올과 나트륨으로 몸을 더럽혔다. 더럽혀지는 기분은 나름대로 나쁘지 않았다. 왜 기분을 좋게 하는 것은 죄다 몸에 안 좋은 건지 알 수가 없다.

늘어지게 자고 일어나서 할 만한 일을 찾았다. 동물원에 간 지 꽤 오래되었다고 생각했다. 나는 동물을 참 좋아해서 여행을 갈 때면 동물원을 꼭 찾아가고는 한다. 하지만 어쩐지 다 큰 성인 남성 혼자서 동물원에 가기에는 영 민망한 일이다. 그래서 내가 제일 좋아하는 이들은 나와 동물원이나 아쿠아리움을 함께 가 주는 사람들이었다.

어릴 때야 별 상관이 없었지만, 점점 나이를 먹다 보니 부끄러움이 커졌다. 동물원을 거니는 아버지와 아들을 바라보며 아무런 생각이 없었을 때가 있었다. 내 친구들이 그 아버지가 되고 나니 어째 나는 정상적인 삶에서 탈락한 기분이었다. 아마 그때부터 동물원에 가지 않았던 것 같다. 마케도니아에서라면 상관없었다. 그저 할 일 없고 시간 많은 여행자 정도로 보일 것 같았다. 실제로 그렇기도 했다.

'스코페 동물원'은 잘 관리가 되어 있다고는 못 할 곳이었지만 평화로워 산책하기 좋았다. 관람객이 없어서 혼자 노래를 흥얼거리며 다닐 수 있었다. 동물과 사람을 나누는 철창이 그리 두껍지 않은 곳이었다. 그래서 사슴이나 흑염소와 눈싸움을 할 수 있었다. 늑대는 고기를 먹고 말은 풀을 뜯고 있었다. 동물들이 밥 먹는 것을 보고 있으니 배가 조금 고파서 과자를 하나 사 먹었다.

특이하게도 우리에 갇혀 있는 것이 아니라 동물원 내부를 돌아다니는 동물도 있었다. 온몸은 검은색인데 목 주변만 흰색이어서 마치 목도리를 한 것 같은 토끼를 따라다녔다. 목도리 토끼는 처음에는 열심히 도망치더니 나중에는 지친 듯 가까이 가도 내게 아무런 관심이 없었다.

토끼를 따라 돌아다니면서 사자도 보고 삵도 보았다. 사람보다 동물이 훨씬 많았다. 어떻게 보면 사람이 동물을 구경하는 곳이 아니라 동물이 사람을 구경하는 곳이었다. 토끼에게 불가리아 어딘가에서 사실 토끼 고기를 먹어봤다고 고백했다. 가까이 다가가니 토끼가 다시 도망갔다.

Chapter 4.

코소보, 예뻐요

지도에서 이상한 나라를 발견했다

　　지도에서 이상한 나라를 발견했다. 국경이 점
선으로 되어 있는 나라였다. 인터넷 연결이 이상한가 해서 앱을
두 번 껐다가 켜 보아도 결과는 그대로였다.

　이상한 나라의 이름은 코소보였다. 2008년에 세르비아에서 독
립을 선언했지만, 그들의 독립을 인정하지 않는 나라도 많은 것
같았다. 우리나라는 코소보의 독립을 인정하는 나라 중 하나였

다. 원래대로라면 호수가 유명하다는 마케도니아 남부 쪽으로 내려갈 예정이었지만 갑자기 목적지를 바꾸게 됐다. 코소보 입국 도장이 찍히는 순간 세르비아 쪽은 갈 수 없는 것이 뻔했지만 신생 국가를 보게 된다는 것이 더 설렜다.

마케도니아에서 코소보로 가는 대중교통은 영 애매했다. 차를 빌리지 않으면 어려울 것 같았다. 한국 국제 면허증이 코소보에서 인정이 되는지도 알 수 없었다. 15년도 채 되지 않은 나라에 체계적인 공무원 시스템을 바라는 것은 무리였다. 숙소 직원에게 코소보 여행을 할 수 있는 방법이 있냐고 물었다. 직원은 차로 함께 이동하는 개인 투어와 연결해 줄 수 있다고 했다. 가격은 만만치 않았다. 매일 먹던 케밥 버거 세트를 몇 달은 먹을 수 있을 것 같았다.

여행 유튜버였으면 돈에 대한 고민을 안 했을 것 같다는 생각을 했다. 특이한 곳을 촬영하면 돈이 될 것 같았다. 사실 발칸 반도 여행을 영상으로 만들어 보고 싶어서 고프로를 가져오긴 했다. 그러나 한 번의 촬영 이후로 고프로는 캐리어 가장 밑바닥에 깔려 있었다. 고프로는 일종의 '수치심의 지팡이'였다. 그 지팡이를 드는 순간 모든 사람이 나를 쳐다보기 시작했고 어떤 비디오를 찍고 있냐고 물었다. 몇 명은 구독자가 얼마나 되는지 묻기도 했다. 나는 채널 이름만 한껏 상상했을 뿐 개설조차 하지 못한 소심한 사람이었다.

지팡이에 대고 종일 혼잣말을 하는 것도 영 고역이었지만 가장 참기 힘든 것은 여행이 일이 되어간다는 기분이었다. 좋아하는 것이 의무가 되는 과정은 피곤하기만 하다. 글 쓰는 것을 업으로 삼지 않은 것도 비슷하다. 재능이 없는 것이 가장 큰 이유지만, 좋아하는 것이 일이 되는 순간에 밀려오는 노곤함도 버티기 어려웠다. 돈을 낼지 말지 꽤 오래 고민하다가 눈 딱 감고 투어를 결제했고 가이드인 '패트릭'은 아침에 보자는 메시지를 보내왔다.

패트릭 할아버지는 말이 많은 사람이었다. 스코페에서 출발해 국경을 거쳐 코소보의 수도인 프리슈티나에 도착할 때까지 말을 한 순간도 그치지 않았다. 코소보는 대부분 사람이 알바니아 사람이라는 것부터 패트릭의 옛 직업은 재즈 밴드의 드럼연주자였다는 것까지 전부 알 수 있었다. 패트릭이라는 이름의 어원이 독수리에서 왔다는 것을 듣고 내 이름의 뜻은 밝고 지혜로운 사람이라는 것을 알려줄 때쯤 프리슈티나에 도착했다. 수도에 걸맞지 않게 조용하고 평화로운 도시였다. 어린아이들이 해맑게 웃으며 혼자 돌아다니고 있었는데 패트릭은 그만큼 코소보는 안전한 곳이라며 뿌듯해했다.

패트릭 할아버지가 소개해 주는 곳으로 발걸음을 옮겼다. 'NEW BORN'이라고 쓰여 있는 조형물이 눈에 띄었다. 그 어떤 조형물보다도 코소보를 잘 나타내는 말이 아닌가 싶었다. 새롭게 태동하고 있는 나라의 모토 앞에서 몇 안 되는 젊은이들이 사진을 찍고 있었다.

그 근처에는 미국 성조기와 클린턴 대통령 사진이 걸려 있었다. 미국이 코소보의 분리독립을 지지해 줘서 큰 힘이 되었다는 것 같았다. 심지어 코소보 독립을 주도했다는 부시 대통령의 이름을 딴 거리도 있었다. 코소보 거리를 걸으며 그들의 국기보다 미국 국기를 더 많이 보았다.

몇 개의 모스크를 거치며 거리를 걸었다. 여태까지의 발칸 반도 여행이 그랬듯 무언가 자랑할 정도로 볼 만한 것은 없었다. 단지 사람을 행복하게 하는 평화로움이 모든 곳에 덧칠해져 있었다. 모르는 외국인에게도 예쁘게 웃으며 인사하는 어린아이들을 보며 별 이유 없이 행복해졌다. 패트릭은 거리에서 만나는 모든 사람을 아는 것 같았다. 많은 사람이 패트릭을 알아보고 인사하러 다가왔다. 덩달아 계속 인사를 했다. 과일 팔던 아주머니는 사과를 닦아 내게 건넸다. 담배를 피우던 아저씨는 담뱃갑을 꺼내 한 대 피우겠냐고 물었다. 사과는 입에 물었지만, 담배는 그렇지 않았다. 그것과는 상관없이 코소보 사람들과 많은 얘기를 했다. 패트릭은 웃으며 기다려 줬다.

이상한 나라였다. 특히 수도인 것을 감안하면 더 이상했다. 어떤 나라인지 상관없이 수도는 그 나라에서 가장 삭막한 사막 같은 곳이다. 하지만 코소보의 수도 '프리슈티나'의 사람들은 내가 아는 상식과는 조금 다른 것 같았다. 대단한 것을 본 것도 아니고 대화할 수 있는 시간도 짧았지만 어째 처음으로 여행다운 여행을 하고 있다는 기분이 들었다. 그들의 마음이 너무나도 예쁘고 사랑스러웠다.

카페에 들어갔다. 뭔가 내가 사야 할 것 같은 느낌에 카드를 꺼냈지만, 패트릭이 손사래를 쳤다. 커피 두 잔을 앞에 두고 많은 이야기를 했다. 집에 돌아온 것 같은 편안함을 느꼈다. 패트릭은 코소보의 첫인상이 어떠냐고 물었다.

"코소보 사람들은 예뻐요. 마음도 그렇고 얼굴은 더 그렇고."

내가 답했다.

"예쁘다는 말을 뭐라고 발음해요? 알아 두어야 할 것 같은데."

왜인지 모르게 한 번쯤은 쓸 것 같다는 생각이 들었다.

"부꾸르. 부꾸르라고 하면 될 거야."

패트릭이 웃으며 대답했다.

패트릭이 가장 재밌어하고 관심 있어 한 주제는 한국의 군 생활에 대한 것이었다. 코소보의 군대는 만 명이 채 안 되는 것 같았다. 세르비아를 늘 걱정할 수밖에 없는 그런 숫자였다. 최근에도 코소보와 세르비아의 공존은 이루어질 수 없는 것 같았다. 패트릭의 걱정과는 다르게 프리슈티나 시내는 너무나도 평화로웠다. 하늘은 높고 맑았고 솜사탕을 찢어 흩뿌린 것 같은 구름이 몇 점 떠 있었다. 12월 27일이었다. 다음날 세르비아군은 군 전투 준비 태세를 '최고 수준'으로 격상했고 국경에 군 장비들을 집결시켰다. 떠난 나는 당연히 아무것도 알 수 없었다.

마지막 말은 진심이었다

　　광장을 걸었다. 광장 한편에는 지역 행사 같은 것이 펼쳐지고 있었다. 사람들이 손짓하길래 천막에 다가갔다. 나도 모르는 새에 이름 모를 음식이 담긴 접시와 포크를 받았다. 반짝거리는 눈들이 부담스러워서 어서 한 입 베어 물었다. 고소함이 확 퍼졌다. 하나는 파자 반죽 같은 빵 안에 고기나 견과류가 담긴 것이었고 하나는 팬케이크를 크레이프 케이크처럼 층을

겹겹이 구운 것이었다. 생각보다 너무 맛있어서 웃음이 나왔다.

'고라'라는 지역을 홍보하러 나온 행사였다. 구글에 검색해 보니 코소보와 알바니아에 걸쳐 있는 넓은 지역을 말하는 것 같았다. 우리나라로 치면 서울에서 강원도 홍보를 하면서 수수부꾸미를 나눠주는 것 같았다. 그들은 서로를 '고라니'라고 불렀다.

'고라니'들은 음식과 음료만 나눠주는 것이 아니라 그들의 역사에 대한 사진과 그림을 전시하고 전통 옷을 홍보하고 있었다. 새하얀 바탕에 붉은 무늬가 매력적이었고 치렁치렁한 장식들이 옷 이곳저곳을 꾸미고 있었다. 타국의 전통 옷에 매료되는 것은 흔치 않은 경험이었지만 금세 그 옷에 빠져버렸다. 내게 콜라를 건네준 꼬마 아이는 자기 언니들의 손을 잡고 데려왔다. 옷이 날개라는 속담은 거짓말이었다. 그렇게 해맑게 웃는 사람들은 뭘 입든 천사처럼 보일 수밖에 없다.

"안녕하세요?"

그녀가 서툰 한국어로 말했다.

"한국말을 할 줄 알아요?"

깜짝 놀란 내가 대답했다.

"인사만 할 줄 알아요. 요즘에 한국 드라마를 많이 보거든요. 혹시 '사랑의 불시착' 알아요? 남한 사람이랑 북한 군인이 만나는 내용인데."

그녀가 유창한 영어로 말했다.

뉴스 어딘가에서 동유럽 쪽에 한국 드라마가 유행이라는 말을 들었던 것 같기도 했다. 당연히 과장 광고이겠거니 생각하며 기자들도 어지간히 취재할 것이 없나보다 하고 생각했었다. 그게 거짓말이 아니었을 줄은 정말 상상조차 하지 못했다. 더 놀랐던 것은 '니하오'나 '곤니치와'가 아니라 '안녕하세요'로 시작했다는 것이었다. 대한민국과 코소보는 더 이상 세르비아의 눈치를 보지 말고 공식적인 수교를 맺어야 했다. 정치적 이유는 막론하고 아무튼 그랬다.

그녀는 '고라니'의 전통 의상을 입고 해맑게 웃고 있었다. 예쁘게 웃는 것도 그들의 전통인가 싶었다. 첫사랑에 빠진 고등학생처럼 헤실헤실 웃었다. 조금 번잡스럽더라도 자유 여행으로 올 걸 하는 후회를 했다. 대화를 더 하고 싶어도 패트릭이 기다리고 있어서 오래 있을 수는 없었다.

"그러면 다들 이 전통 음식들을 만들 줄 아는 거예요?"

마지막 조각을 입에 넘기며 물었다.

"아뇨!"

의외의 대답이 돌아왔다.

"나는 그냥 아르바이트인데요!"

그녀는 당당하게 선언했다.

하긴 수수부꾸미를 만들 줄 아는 강원도 십 대는 한 명도 있을 것 같지 않았다. 그녀와 얘기하는 중에 카메라 한 대와 기자 한 명이

다가왔다. 어디 지역의 취재 리포터라는 것 같았다. 갑작스럽게 인터뷰를 했다. 분명히 나는 코소보라는 나라의 존재에 대해 이틀 전에 알았고 음식이나 문화는커녕 수도 이름도 모르고 있었다.

카메라 앞에서 그럴 수는 없었다. 세계에서 가장 젊은 나라에 와보고 싶었다는 말이나 독립을 경험했던 나라로써 같은 감정을 공유한다고 말했다. '고라'라는 곳이 어디에 있는지는 정확히 모르지만, 이런 음식과 옷이 있는 곳이라면 시간을 내서 꼭 가보겠다는 약속도 했다. 그리고 여자들이 다 예쁘고 귀엽다는 말을 덧붙였다. 조금이라도 잘 보이고 싶어서 '부꾸르!'를 연발했다. 마지막 말은 진심이었다.

예상하지 못한 이벤트를 뒤로 하고 도서관 근처에 들렀다. 코소보 국립대학의 도서관이었는데 세상에서 제일 멍청하고 못생긴 건물 안에 꼽힌다고 했다. 둔탁한 콘크리트 건물에 철제로 된 벌집 모양이 둘러싸고 있는 형태였다. 패트릭에게 폴란드 수도에 가면 이것보다 더 못생기고 큰 건물이 있다고 말했다. 심지어 이름은 '문화 과학 궁전'이어서 뭘 하는 곳인지도 모르겠다는 험담을 했다. 패트릭은 소리 내서 웃었다.

도서관 근처에는 성당이 있었다. 마더 테레사와 관련이 있다는 성당 시계탑 위에는 성모 마리아 대신에 스파이더맨이 있었다. 오늘 축제라도 있는 것인지 스파이더맨과 배트맨 분장을 한 사람들이 줄을 매고 활강했다. 패트릭은 여기 한국에서 온 군인 출신 친구도 하고 싶어 한다고 소리쳤고 난 누구보다 빠르게 도망쳤다. 아무도 모르는 나라에 와서 스파이더맨 복장을 하고 죽고 싶지는 않았다.

코소보 여행의 마지막 종착지는 자연 동굴이었다. 표 파는 곳에 카드 리더기가 없어 카드를 쓸 수가 없었다. 가지고 있는 현금은 마케도니아 데나르 뿐이었다. 곤란한 표정을 짓자, 패트릭이 차에서 동전 몇 개를 가져왔다. 그가 없었으면 갈 수 없었을 동굴에 들어섰다.

지구가 아닌 것 같다는 느낌을 받았다. 종유석과 석순은 곧게 자라는 줄만 알았는데 꼭 그런 것은 아닌 것 같았다. 휘어진 종유석은 어디 화성 구석진 데에서 사는 외계인처럼 보였다. 사우나보다 더 습한 곳이었지만 꽤 오랜 시간 동안 동굴 구석구석을 돌아다녔다. 박쥐 비슷한 것이 날아다녔고 버섯 비슷한 것이 자라고 있었다. 기묘하다고 밖에 표현할 수 없는 곳이었다. 오늘 하루와 비슷했다.

다시 먼 길을 달려 숙소로 향했다. 패트릭은 짧은 코소보 여행 중에 어디가 제일 좋았냐고 물었다. 조금 생각하다가 거리를 걸을 때 느껴지는 평화로움이 제일 좋았다고 말했다. 그는 거짓말하지 말라고 했다. 진심을 말했는데 조금 억울했다. 패트릭은 내가 여자들과 대화할 때 제일 밝게 웃었다고 했다. 억울함은 어쩔 수 없이 눈 녹는 것보다 더 빨리 사라졌다. 예리한 사람이었다.

Chapter 5.

알바니아, 미안해요

열병을 앓았다

　　버스에 오랜 시간 몸을 맡겼다. 도착하고 받은 캐리어는 엉망진창이었다. 내 몸은 더 엉망진창이었다. 쉬어야 할 필요가 있을 것 같아 호스텔 도미토리가 아닌 적당한 호텔을 예약했다. '아릴라 부티크 호텔'은 이름과는 다르게 전혀 호텔처럼 보이지 않았다. 다행히 내부는 완벽한 호텔이었다.

　방에 들어가고 나면 내일 늦게까지 못 나올 것 같은 예감이 들었다. 온몸이 목각인형처럼 삐걱거렸다. 불길한 예감에 대비하지 않을 이유는 없었다. 근처에서 구운 닭 두 마리와 물 세 병을 미리 사서 방에 들어갔다. 샤워하고 나서 약을 먹으려고 작은 가방을 찾았다. 분명히 배낭 안쪽에 넣어 두었던 가방이 보이지 않았다. 약이 문제가 아니었다. 그 가방엔 여권과 카드도 함께 들어가 있었다.

방을 뒤지기 전에 머릿속을 샅샅이 파헤쳤다. 체크인했을 때 분명히 여권을 보여주고 돌려받은 기억이 났다. 그 이후에 여권을 어디에 두었는지 알 수가 없었다. 타지에서 여권이 없어지는 것은 굉장히 곤란한 일이다. 영사관을 찾아 헤매야 하고 내 신분을 증명해야 하고 여권을 발급받을 때까지 다른 곳으로 이동하기도 어려웠다. 물론 소문으로만 들어본 일이었다.

나는 여태 어떤 곳에 가더라도 여권을 잃어버리는 바보 같은 짓은 하지 않았고 여권을 잃어버리는 사람들은 대체 어떤 멍청한 사람들일까 궁금해했다. 그 멍청한 사람 중 하나는 비명을 지르는 몸을 끌고 방과 캐리어를 전부 뒤지기 시작했다. 작은 가방은 보이지 않았다.

주머니 하나하나를 붙잡으며 희망을 품으려고 애썼다. 희망이 부서지는 속도는 생각보다 빨랐다. 물건을 방 맨 왼쪽에 다 쌓아두고 모든 것을 세관원처럼 하나씩 검사했다. 검토가 끝난 짐은 방 오른쪽으로 옮겼다. 캐리어에서는 기껏해야 다 써버린 교통카

드나 박물관 관람권이 굴러 나왔다. 열어보지도 않았던 방 서랍과 들춰보지도 않았던 카펫 밑을 뒤졌다. 당연히 있을 리가 없었다. 다시 모든 주머니를 탈탈 털고 옷가지를 뒤집어 가며 실마리를 찾았다. 아무것도 없었다.

구운 닭을 샀던 음식점까지 땅바닥만 쳐다보며 느리게 걸었다. 식은땀이 계속 났다. 음식점 사장도 호텔 로비 직원도 여권의 행방은 알지 못했다. 온몸에서 열이 났다. 여권이 들어있는 가방은 결국 화장실 변기 위에 있었다.

열병을 앓았다. 열병이라는 단어를 입에 굴려 보면서 천장을 바라봤다. 마른기침을 몇 번 하고 콧물을 훌쩍였다. 눈이 뻑뻑해 눈을 감고 이마에 손을 댔다. 열이 났다. 한국에서 가져온 코로나 신속항원검사 키트 세 개는 가지런히 한 줄만 나온 채로 책상 위에 올려져 있었다.

마케도니아를 떠나올 때 리안이 감기가 유행하니 조심하라는 이야기를 한 것이 기억났다. 아무래도 감기가 확실했지만 감기가 아니라 열병이라 말하고 싶었다. 챙겨 온 감기약을 입에 넣었다. 열병에 드는 약 같은 부끄러운 것은 세상에 존재하지 않았다.

약을 먹고 오래 잤다. 여전히 열은 내려가지 않았고 온몸에서는 땀내가 났다. 빨리 나아야만 한다고 되뇌며 몸을 뒤척였다. 난방을 켜고 끄기를 반복했다. 이불을 덮었다가 발로 차 버리기를 계속했다. '긴 옷을 챙겨 다닐걸'이라거나 '술은 적당히 마실걸'이라고 후회를 조금 했다. 억지로 몸을 일으켜 냉장고를 열었다. 그릇에 옮겨 데워 먹을 기력도 없어 닭 다리 하나를 입에 욱여넣었다. 오렌지 하나를 씹으며 다른 하나는 얼굴에 굴렸다. 오렌지는 금세 미지근해졌다.

무릎이 뜨거워지는 기분이라 무릎을 매만졌다. 열이 온몸으로 퍼지는 것 같았고 역시 감기약은 열병에는 별 효과가 없나 싶었다. 모든 것이 뜨거웠다. 다시 선잠을 자다가 깼다. 평소 꾸지도 않았던 꿈을 몇 편이나 꿨다. 꿈에 나오는 사람들과 그들이 있는 장소는 계속 바뀌었다. 꿈에서 모든 사람에게 계속 화를 냈다.

전역했으니 취직은 어떻게 할 거냐고 묻던 친구들에게는 내가 알아서 할 테니까 묻지 말라고 목소리를 높였다. 동네 병원과 변호사 사무실 창문에 유세 떨지 말라고 돌을 던지며 악을 썼다. 인사만 건네 본 경비 아저씨나 한 달에 한 번 볼까 말까 한 미용실 아주머니에게 내 삶에 그만 관심을 가지라고 화를 냈다. 심지어 인터넷 익명게시판을 이용하고 있는 얼굴도 모르는 사람에게도 열을 올렸다.

심지어 거울을 보며 나 자신에게도 화를 냈다. 취직해서 돈 벌 생각이나 해야지 무슨 대학원이냐고 냉소를 지었다. 직장도 없는 백수인 주제에 팔자가 좋다고 스스로 미안한 줄 알라고 소리쳤다. 현실에선 나 대신 내 몸이 열렬히 화를 냈다. 아무래도 열병임이 확실했다. 어릴 적에 어른이 되면 모든 것이 해결될 것이라고 믿던 꼬마에게 미안했다. 꼬마는 결국 갈 길을 잃은 못난 어른이 되어버렸다.

꼬박 이틀을 침대에 누워 있었다. 조식을 먹을 때를 빼놓고는 방 밖에서 나오지 않았다. 잠을 자거나 미래에 대해 생각했다. 머릿속에 무엇인가 계속 떠오른다는 것은 지옥 같은 일이었다. 몸 상태가 영 좋지 않았지만, 태블릿을 켜서 조금씩이라도 글을 썼다. 그럴 때만 그나마 괜찮아졌다. 타이레놀이나 이부프로펜보다 효과적인 해결 방법이었다.

나는 어떤 부담감과 열등감과 두려움 같은 것을 짊어지는 것에 지쳐버린 모양이었다. 한국어에서 도망치고 싶다는 마음은 결국 자신을 짓누르는 압박에서 잠시라도 도망치고 싶다는 것이었다. 그 사실을 한국어로 글을 쓰면서 깨달았다. 발코니에는 따뜻하게 햇빛이 비쳤다. 의미를 알 수 없는 알바니아어가 골목에서 울려 퍼졌다. 밝은 미래를 상상했던 과거의 꼬마에게 다 괜찮을 것이라고 소리치고 싶었다. 창문을 닫고 다시 잠을 청했다. 열병이었다.

적당한 온도와 미소로 서로를 대했다

눈을 뜨는 것이 힘에 부치지 않았다. 베개도 식은땀으로 젖어 있지 않았다. 아픔은 가끔 정말 어이없을 정도로 깨끗하게 모습을 감춘다. 배가 고프다는 것은 좋은 신호였다. 조식으로 버터 바른 빵, 베이컨, 달걀과 몇 종류의 과일이 나왔다. 삼 일 내내 단 하나도 다르지 않은 음식이었지만 처음으로 맛있게 먹었다. 두 번의 조식은 전혀 맛을 느끼지 못했다. 오늘에서야 비로소 '빵은 이런 맛이 나는구나.' 하며 새삼스럽게 놀랐다.

천천히 걷기 좋은 날이었다. 날이 맑고 하늘이 높았다. 생각해 보니 발칸 반도에 와서 숨쉬기가 어렵거나 가래가 끓는 날이 없었다. 숨 쉬는 자유를 만끽하며 티라나 중심부에 있다는 '스칸데르베그 광장'을 찾아 걸었다. 세계 어디에나 광장이 있다. 그런 광장들은 분명히 꼭 가봐야 할 곳 몇 순위 안에 이름을 올리곤 한다. 하지만 늘 그렇듯이 광장에 가면 크게 할 것이 없다. 굳이 맛없는 음식과 비싼 기념품과 친절하지 않은 사람들을 보고 싶은 사람은 없을 것이다. 하지만 광장은 그런 곳이다.

'스칸데르베르 광장'은 내가 생각하는 광장의 범주 안에 있지 않았다. 왜 수도의 한복판에 있는 광장에 놀이동산이 설치되어 있는가에 대해 고민해야 했다. 하이라이트가 끝난 축제의 마무리에 서 있는 것 같은 놀이동산이었다.

구경하는 사람들도 그렇게 활기차지 않았고 기념품을 판매하는 사람들도 그렇게 열성적이지 않았다. 하지만 그들은 적당한 온도와 미소로 서로를 대했다. 흥미로운 광경이었다. 보통의 축제는 감정의 온도가 너무 높아 멀리서 지켜보는 편이지만 이 미지근한 느낌의 행사는 발 담그기에 딱 좋았다. 주책맞게 솜사탕을 하나 사서 관람차에 올랐다.

어째 광장의 풍경이 목욕탕 한구석에 있는 이벤트탕 같다는 느낌이 들었다. 어렸을 때 가끔 가던 대중목욕탕에는 요일마다 탕의 향기가 바뀐다는 이벤트탕이 있었다. 정말인지 궁금해서 친구들을 졸라 이틀 연속으로 목욕탕에 간 적이 있다. 향기는커녕 색깔도 바뀌어 있지 않아 큰 실망을 했었다. 그래도 이벤트탕은 적당한 온도에 좋은 냄새가 나서 사람을 편하게 했다. 알바니아 사람들은 너무 열정적이지도 너무 냉정하지도 않게 서로를 대했다.

홀로 범퍼카를 타고 아이스크림을 사 먹었다. 범퍼카를 탄 기억은 십 년 전에 걸려 있었다. 모르는 사람들 속에서 혼자 탄다고 하니 조금 부끄러워졌지만, 확실히 재미는 있었다. 속도를 크게 내지도 못하고 할 수 있는 것이라고는 차를 부딪치는 것뿐인데 왜 재미가 있는지는 모르겠다. 하긴 그러한 아무짝에도 쓸데없는 것이 행복을 가져오는 데는 가장 효과적인 것이다. 아이스크림도 마찬가지다.

눈이 계속 마주친 아이스크림 가게 직원과 인사를 했다. 말을 걸지 말지 고민하고 있었던 것 같았다. 그는 유창한 영어로 한국인은 처음 본다고 말했다. 나도 삼 일 전까지만 해도 알바니아 사람은 보지 못했다고 웃었다. 대화는 발칸 반도에 있는 나라들의 통과 의례와 같은 질문인 '알바니아엔 어떻게 오게 됐나요?'로 흘러갔다. '이제 알아보려고 한다'라고 웃으면서 알바니아에서 갈 만한 곳을 그에게 물었다.

그는 활짝 웃으면서 가볼 만한 곳 몇 군데를 내 구글 지도에 표시해 주고 하나하나 설명해 줬다. 사실 조금 놀랐다. 길을 걷다 마주친 외국인이 서울에서 갈 만한 곳이 어디냐고 물으면 나는 대답하지 못할 것 같다. 아마도 여긴 죄다 별로라는 생각이나 할 모양이었다.

가게 직원이 추천해 준 장소 중 가장 흥미로운 것은 벙커였다. 전쟁 게임이나 총 게임을 하면 늘 나오는 사람이 숨을 수 있는 장소 말이다. 이야기를 듣자 하니 독일이 시작했던 세계 대전 당시 폭격을 피하고자 수도 곳곳에 벙커를 설치했다는 것 같았다. 철거한 것도 많았지만 놔둔 것도 많았고 그래서 도시를 걸어 다니면 벙커를 볼 수 있다고 했다. 심지어 조금 큰 규모의 벙커는 'BUNK ART'라는 이름의 유적지로 만들어서 구경하기에 재밌다고 했다. 수도에 두 군데가 있는데 할 일도 크게 없어서 두 군데 다 가보기로 마음먹고 발걸음을 옮겼다.

"지휘통제실인데?"

나도 모르게 혼잣말했다.

확실히 그랬다. 비행단에서 장교로 삼 년을 근무하면서 뻔질나게 드나들었던 지휘통제실이었다. 뭔가 세계 대전 시절의 대형 벙커라고 해서 조금 특이한 것을 기대했지만 크게 실망했다. 다른 여행자들은 엄청나게 신기해하면서 구경하며 사진을 찍고 돌아다녔다. 불과 한 달 전에도 늘 봐야 했던 것들을 바라보며 허탈해했다.

아는 것이 있으면 지루해진다. 화생방 장교였던 나는 더욱 그랬다. 군이 밑에 적혀 있는 긴 설명글을 보지 않아도 '보호의 입고 누적선량 측정하면서 다녔겠구나' 라거나 '제독기 들고 물 뿌리고 다녔겠네'라는 사실을 알 수 있었다.

수통이며 화생방 방호시설이며 눈길만 닿아도 다 이해가 되어 버리는 것이었다. 심지어 지휘통제실 어딘가에 숨겨져 있는 간부용 침대마저 생긴 게 비슷했다. 군인들의 미적 감각은 어째 동서고금을 막론하고 일관된 스타일이 있는 것 같았다. 아니면 그 미적 감각마저도 교본이나 예규 어딘가에 있을지도 모르겠다.

벙커에서 나와서 부대에서 함께 근무했던 주임원사님께 사진을 몇 장 보냈다. 군대에도 분명 좋은 사람은 많다. 그중 한 명이 최해영 원사님이었다. 평생을 방독면과 살아온 최 원사님은 나이 차이에도 불구하고 내 좋은 친구가 되어 주셨다.

쓸데없는 대화를 하면서 독신자 숙소에서 딱새우를 쪄 먹은 기억이 났다. 갑자기 심통이 났다. 발칸 반도에서 만난 많은 사람이 나보다 나이가 많았음에도 반말로 그들에 대한 글을 써 온 주제에 한국인이라는 것만으로 어미가 달라져야 했다. 어째 미안해졌다. 해영은 군대에서 만난 몇 안 되는 좋은 친구였다.

'알바니아 화생방지원대입니다!' 사진 밑에 한 줄을 더 보태 메시지를 보냈다.

'새해 복 많이 받으십시오!' 보낸 김에 새해 복도 빌었다.

양 대가리 구이는 우연이었다

    스칸데르베그 광장 근처에 볼 것이 많았다. 티
라나 성이나 피라미드나 마더 테레사를 위한 대성당 같은 것들에
곳곳에 즐비해 있었다. 하지만 그런 유명한 것들을 지나치고 결국
내가 즐겨 가는 곳은 '라나'라는 이름의 강이었다. 사실 강이라고
하기에는 너무 미안할 정도로 짧은 곳이지만 라나 실개천이라고
하면 알바니아 사람들에게 실례일 것 같았다. 어쨌든 지도에도 강

이라고 쓰여 있기는 했다. 강에는 한량들만 있었다.

느지막하게 일어나 강 근처에 가서 다시 누웠다. 강가에는 누워서 햇볕 쬐기 좋은 곳이 많았다. 가끔 엄마는 메시지로 오늘은 뭘 하고 다니는지 뭘 보고 다니는지 물었다. 대답할 말이 딱히 없었다. 보통은 누워서 지나다니는 사람들을 구경하고 근처에 있는 과일가게에서 오렌지 몇 개를 사서 먹었다.

가끔 이렇게 다닐 거면 한국에 있는 게 낫지 않냐고 생각하긴 했다. 하지만 확실히 다른 것은 한국말이 들리지 않는다는 점이었다. 귀에 거슬리는 말들이 들리지 않으니, 마음이 차분해졌다. 지나다니는 사람들이 저 동양인 백수는 무엇일지 궁금해하거나 혹시라도 인종 차별적인 발언을 했을지도 모르겠지만 어쨌든 이해하지 못하는 대화들이라 신경 쓸 수가 없었다.

누워서 빈둥대다가 심심해지면 강가를 걸었다. 중고 책을 깔아두고 파는 사람들이 많았다. 골동품을 파는 것도 아니고 먹을 것을 파는 것도 아니고 책이라는 게 신기했다. 사장은 다 해진 책들을 여기저기 쌓아두고 주변 사람들과 얘기하거나 낮잠을 잤다. 두어 시간 멀리서 바라봤는데도 책은 한 권도 팔리지 않았다. 사장은 아무런 생각이 없는 듯이 강물을 바라보며 앉아 있었다. 저런 삶이 인생의 완성은 아닐까 하는 생각을 했다.

행위 예술을 관람했다는 기분으로 책을 한 권 샀다. '크리스털 블루'라는 이름의 책이었는데 이름만 영어고 안에는 도저히 읽을 수 없는 언어가 페이지를 가득 채우고 있었다. 읽지 못하는 책을 바라보고 있으니 어지러웠다. 다시 강가에 내려가 책을 베개 삼아 잠을 잤다. 베개로 쓰기에는 다소 얇았지만 그래도 나쁘지 않았다.

보통 나머지 시간은 알바니아 시장에서 보냈다. 굳이 먹을 것을 사러 갈 필요가 없더라도 다른 나라에 방문하면 전통 시장을 자주 방문하고는 한다. 살고자 하는 사람들의 생동감을 좋아한다. 보통은 관광객이 없는 곳을 가기 위해 구글 지도를 열심히 검색하는 편이지만 알바니아에서는 굳이 그럴 필요가 없었다. 어디로 가나 한국 사람은 없었다. 내가 가장 자주 가는 곳은 '올드 바자르'였다. '바자르'는 시장을 뜻하는 페르시아어라고 어디선가 들었는데 터키나 인도 쪽 말고도 여러 군데서 찾을 수 있었다. 보통 '마켓'이라고 하는 시장하고 뭐가 다른지는 잘 모르겠다.

고기를 파는 곳이나 생선을 파는 곳도 신나지만 채소 파는 곳이 가장 놀기 좋은 곳이었다. 가끔 맛을 전혀 상상할 수 없게 생긴 채소나 과일들을 마주하면 한두 개씩 사본다. 요리가 가능한 숙소에 있다면 처음 보는 채소들을 왕창 사서 고기랑 볶아 먹는 재미가 있었다. 예측하지 못하는 결과는 아름답다. 나는 늘 사는 것이 예측 불가능하다는 것을 알면서도 쓸데없이 많은 계획과 예상을 한다. 그리고 후회한다.

'그랜드 바자르'에서는 보통 과일을 사 먹었다. 한 개는 팔기 곤란하다는 사람도 많았지만 하도 상점이 많아서 괜찮았다. 확실한 것은 그곳에서 세상에서 제일 맛없는 사과를 판다는 것이다. 사과 말고는 재밌게 먹을 수 있을 정도의 수준이었다. 베어 먹었을 때 물컹거리고 흐물거리는 사과는 정말 별로였다. 누워서 사과를 먹다가 화가 나서 시장으로 돌아가 한번 먹어 보라고 성질을 냈다. 주인은 웃으면서 '메 팔!'을 연발했다. 아무래도 미안하다는 뜻 같았다.

양 대가리 구이는 우연이었다. 시장 근처에 알바니아 전통 식당이 하나 있다고 해서 찾아갔다. 알바니아 사람들이 늘 입에 달고 다니는 샐러드 아니면 고기구이겠거니 생각하면서 메뉴를 넘기는데 맨 아래쪽에 심상치 않은 문구가 쓰여 있었다. 양 대가리 구이. 양도 좋아하고 구이도 좋아했지만 대가리는 정말 심상치 않았다. 도전자의 심정으로 직원에게 양 대가리와 채소 구이를 달라고 했다. 주문을 재차 확인한 것을 보면 아마도 내 눈동자는 떨리고 있었던 것 같았다.

끔찍하게 생겼을 거라고 생각했는데 그 정도는 아니었다. 징그럽다기보다는 이게 대체 무슨 부위인지 알 수 없는 요리였다. 천천히 뜯어봐야만 알 수 있었다. 눈이며 이빨이며 뇌가 그대로 구워져 있었다. '다즈쿠아'라는 이 음식점은 주방이 오픈되어 있어서 셰프가 땀을 뻘뻘 흘리며 무언가를 굽고 있는 것을 그대로 볼 수 있었다. 내가 셰프를 볼 수 있다는 것은 셰프도 나를 볼 수 있다는 뜻이다. 백발의 할아버지는 내가 양 대가리를 이리저리 해체하는 모습을 보고 있었다.

뺨에 해당하는 부위를 먹고 나서 셰프와 눈이 마주쳤다. 이건 맥주를 시키지 않을 수 없는 요리였다. 맛이 기가 막혔다. 여행을 혼자 다니면서 밖에서는 절대 술을 먹지 않는 원칙을 가지고 있었지만, 완벽한 맥주 안주 앞에서 약속 따위는 부서졌다. 양이 머리가 좋지는 않았는지 뇌 부분은 영 맛이 없었다. 다른 부분은 어째 술술 넘어갔다. 문명인의 자존심은 맛 앞에서 무너졌다.

저 멀리 보이는 셰프에게 따봉을 날려주고 양 대가리 하나와 맥주 두 병을 더 주문할 수밖에 없었다. 배가 꽉 찬 느낌이 들었지만, 저 멀리서 나를 흐뭇하게 지켜보고 있는 노인의 바람을 무시할 수는 없었다. 다 먹고 나서 그릇을 보니 어디 도살장에서 금방 나온 것 같은 광경이었다. 조금 죄책감이 들었다. 배가 부르고 적당히 술에 취했다. 강도당하기 딱 좋은 모양새였지만 알바니아 사람들은 내게 별 관심이 없었다.

하산하며 걱정이 다시 차올랐다

 산을 올랐다. 땀을 뻘뻘 흘리며 두 발과 두 손
으로 오른 것은 아니다. 케이블카를 타고 가만히 있다 보니 정상
에 도착했다. 이럴 때면 산을 올랐다고 표현해야 할지 아니면 무
엇이라고 해야 할지 잘 모르겠다. 어쨌든 결과적으로는 산에 올
랐다. 산의 이름은 '다즈티'였고 그래서인지 케이블카의 이름은
'다즈티 익스프레스'였다. 케이블카를 타고 꽤 긴 시간 이동하는

동안 시내를 내려다볼 수 있었다. 높은 곳에서 도시를 내려다보는 기분은 그리 좋지만은 않다. 인간이라는 것이 얼마나 작은지 체험하는 것은 별로 유쾌하지 않다.

예전에 연말 기념으로 롯데타워 전망대를 오른 적이 있다. 풍경보다는 대화가 인상적인 날이었다. 나는 그 높은 곳에서 도시를 내려다보며 저 밑에서 한 고민거리가 이리도 작아 보인다며 허탈하게 말했다. 동행은 이렇게 높은 곳에 오르려면 얼마나 힘들게 일해야 할지 괴로워했다. 같은 곳에서 다른 것을 느꼈다. 전망대에서 내려오며 전망대에 가자고 해서 미안하다는 말을 건넸던 기억이 난다. 곰곰이 생각하던 동행도 내게 미안해했다.

산에 오르면 하루하루를 채우던 큰 고민이 의미가 없어지는 기분이다. 그것까지는 여지없이 행복하다. 다만 산에서 내려오면서 그 고민에 다시 의미를 채워가는 기분은 영 텁텁하다. 그래서 산을 오르는 것을 그렇게 좋아하지 않는다. 산보다는 바다를 좋아한다. 바다뿐만 아니라 호수나 강도 그렇다. 아니 수족관이나 집 욕조만 봐도 좋았다. 모여져 있는 물을 보고 있으면 마음이 편안해진다. 가끔은 멍하니 욕조에 물을 받아 몸을 담그고 있다가도 호수를 보겠다고 고속도로를 달리기도 했다. 밤의 호수를 바라보고 있으면 먹먹해질 정도로 아무 생각이 없어진다. 구명조끼 하나 없이 그저 잠수하고 싶은 생각이 든다. 그럴 때면 인어나 세이렌의 전설이 왜 생겼는지도 이해가 갔다. 보통 그런 미친 몽상은 발 하나를 물에 담그는 순간에 현실로 돌아온다. 난 평생 수족냉증을 달고 살았다.

도착한 다즈티 산 정상에는 리조트가 있었다. 잘 꾸며진 정원과 전망대가 있었지만, 겨울이라 그런지 꽃도 사람도 없었다. 심지어 양봉장에도 벌이 없었다. 알바니아 벌들은 뭐가 다르게 생겼나 궁금해서 양봉장 사이사이를 걸었지만, 벌들이 다 겨울잠을 자고 있는지 기척이 없었다.

인간도 겨울잠이나 자면 좋겠다고 생각했다. 꼭 해야 할 일이 있어도 어쩔 수 없이 긴 시간 잠을 자러 가야만 한다면 인생을 그렇게 빡빡하게 살지 않아도 되지 않을까 싶었다. 전쟁도 없어질 것 같았다. 그도 그럴 것이 실컷 전쟁을 하고 있다가 3개월 정도 자고 일어나면 다들 머릿속에 굳이 전쟁을 해야 하냐는 생각만 남을 것이 뻔했다. 3개월 정도면 죽고 못 살던 연인이 서로의 추억을 정리하기에도 충분한 시간이다. 3개월 후에도 다시 감정을 불태워 전쟁을 개시한다거나 다시 사랑할 수 있다면 그거야말로 대단한 인간들일 것이다.

알바니아 평소 기온을 생각하면서 후드 하나만 걸치고 올라온 것을 후회했다. 산 위는 기온도 낮고 바람도 세게 불었다. 다시 감기에 걸리고 싶지 않았다. 그래서 배는 별로 고프지 않았지만, 추위를 피하려 식당에 들어섰다. 마침 닭 수프가 있어서 치즈를 덮은 고기 요리와 함께 주문했다. 맛은 그저 그랬지만 추워서인지 얼마 지나지 않아 그릇을 싹 비웠다.

손님이 없어서 하릴없이 시간을 보내고 있는 종업원들과 가끔 눈이 마주쳤다. 눈을 마주칠 때마다 아무 말이 없었는데도 물을 더 따라 주거나 음식 맛은 괜찮은지 물으러 왔다. 제육볶음 하나 내어 주고 나면 밥을 먹는지 마는지 아무런 관심도 없던 기사식당 아주머니가 먼 타지에서 그리워질 줄은 몰랐다. 풍경을 구경하는 척 시선을 창가에 고정했다. 도시를 한눈에 담았다.

문득 한국말을 꽤 오랜 시간 동안 하지 않았다는 것을 깨달았다. 불가리아에서 세 명의 한국인을 연달아 만나고 도망친 이후로는 한국말을 하지 않았다. '안녕하세요'를 한 번 허공에 말해 보고 아직 발음은 괜찮아서 다행이라는 생각을 했다. 읽고 말하고 듣는 것이 싫어서 도망쳤음에도 시간만 나면 한국말로 글을 쓴다는 것이 참 모순적인 일이었다.

초등학교 때 국어 수업에는 '말하기 듣기 쓰기'와 '읽기' 두 가지 책이 있었다. 학년이 하나 올라가면 새 책을 받아 노끈으로 묶어서 집에 가져가야 했다. 초등학생이 들기엔 너무 무거워서 손이 빨개지고 아팠지만 '읽기' 책에는 재밌는 이야기들이 많아서 설렌 마음으로 집에 가고는 했다. 심지어 엄마가 사준 '기탄 국어' 학습지에 실린 글들마저 모조리 읽었다. 하지만 '말하기 듣기 쓰기'에는 재밌는 얘기가 없었다. '쓰기'는 더 최악이었다. 세상에 똑똑한 사람들이 써 둔 재밌는 이야기들이 얼마나 많은데 뭘 자꾸 내 느낌을 지어내서 쓰라는지 알 수 없는 노릇이었다. 지금 와서는 말하고 듣는 것은 싫고 읽기는 귀찮고 쓰는 것만 반복하는 어른이 되어버렸다. 다시금 나의 과거에게 미안하다고 말했다.

　화장실이 어딘지 찾아보려다가 종업원과 다시 눈이 마주쳐 버렸다. 화장실 가겠다는 말을 못 하고 카드를 꺼내 계산하고 싶다고 말했다. 종업원은 계산대는 입구에 따로 있다고 말했다. 계산대가 따로 있는 식당은 또 처음이었다. 다행히 계산대 옆에는 화장실이 있었고 계산 후에 자연스럽게 화장실을 다녀올 수 있었다. 식당 근처에는 저 멀리 있는 도시를 배경으로 사진을 찍을 수 있는 기계가 있었다. 동전을 넣고 사진을 찍었다. 외면하고 싶은 못생긴 애가 째려보고 있길래 그냥 찢어버렸다. 케이블카를 타고 산에서 내려왔다. 하산하며 걱정이 다시 차올랐다.

벙커 밑에서 전쟁을 상상했다

　　벌써 며칠째 메뉴가 단 하나도 다르지 않은 조식을 먹고 있었다. 떠나야 할 때가 왔다는 뜻이다. 여태의 목적지는 정해져 있지 않았지만, 이번에는 달랐다. 그리스로 가야만 했다.

　여행하는 데 있어서 목적지가 정해져 있다는 것은 의외로 자유로움을 품고 온다. 오늘 점심은 뭘 먹고 내일은 어디에 가야 하는

지를 고민하다가 오늘 점심을 뭘 먹을지만 고민하면 된다.

그리스로 가는 이유는 간단했다. 친구가 오기로 했기 때문이다. '현석'은 초등학교 방학식을 마치고 바로 그리스행 비행기에 오를 예정이었다. 초등학교에 다닐 때 선생님들은 방학에 뭘 하는지 늘 궁금했었다. 아무도 없는 학교 교실에 나와서 혼자 있으려면 재미가 꽤 없을 것 같다고 생각했다. 혼자 있으면 괜히 떠나보낸 아이들 생각도 나고 슬플 것만 같았다. 그런데 슬픔은커녕 기대로 가득 차 있는 초등학교 선생님을 보고 있으니, 마음이 뒤숭숭해졌다. 산타 할아버지는 없다는 사실 말고도 초등학생이 몰라야 하는 것들은 많다.

현석과 나는 오랜 친구다. 또래보다 유달리 통통하던 몸집이 걱정돼서였는지 혹시라도 물에 빠질 것을 염려해서였는지 엄마는 나를 수영학원에 보냈다. 유치원을 같이 다녔던 친구와 함께 다닐 계획이라는 것만 알고 있었는데 수영학원 버스에는 한 명이 더 탔었다. 그 아이의 이름은 현석이었고, 내가 그에 대해 아는 것이라고는 내 친구의 앞집에 산다는 것뿐이었다.

명확하게 기억나지 않는 일들로 인해 결국 수영학원을 계속 다니게 된 것은 우리 둘뿐이었다. 스물 중반 이후로 나는 다시 살이 올랐고 수영은 기억도 나지 않는 것을 보면 수영학원의 교육은 실패했다. 다만 친구 한 명을 얻게 된 계기로는 충분했다.

초등학교를 졸업하고 나서 우리는 죽 만나지 않았다. 어린아이에게 다른 학교에 다닌다는 것은 거의 국적이 달라지는 것과 비슷한 것이었다. 대학 입시가 끝나고 결과를 기다리면서 할 일이 없던 나는 드디어 2G에서 4G로 바뀐 핸드폰을 들고 '페이스북'만 했었다.

그렇게 페이스북으로 모으고 모은 초등학교 동창회에서 우리는 다시 만났고 지금까지 가끔 보고 있다. 동창회를 위한 단체 카카오톡 방은 지금 네 명만이 남았다. 대화가 올라오는 일은 거의 없지만 생각이 날 때쯤 만나고 있다. 정확히 말하면 내가 만나자고 치근덕대는 것이고 나머지 셋은 온통 귀찮은 티를 내며 다음 날쯤 답장을 하는 것에 불과하지만 말이다.

어쨌든 멀리서 동행이 온다고 하니 혼자만의 여유를 조금이라도 더 만끽해야만 했다. 그리스에 가기 전에 알바니아를 조금 더 즐기고 싶었다. 알바니아에서 주로 했던 일들을 생각했다. 산책하고 조식을 먹었다. 구멍가게에서 전혀 맛을 상상할 수 없는 음료수와 과자를 하나 사서 강가로 갔다. 누워서 이런저런 생각을 하다가 잠을 잤다. 배가 고프면 밥을 먹고 돌아와 '유튜브'나 '넷플릭스'를 봤다. 보던 영상이 지겨워 질쯤엔 노래를 틀어두고 잠에 빠졌다.

곰곰이 생각해 보니 한국에서도 충분히 할 수 있는 생활을 굳이 알바니아까지 와서 하고 있었다. 분명히 여행 작가들이 하던 여행은 현지의 문화를 느끼고 생면부지의 사람들과 친구가 되어가는 그런 청춘 드라마였다. 비교하니 부끄러웠다. 이건 그냥 백수 이야기였다. 부끄러워서 그냥 다시 잠이나 잤다.

눈을 비비고 일어나 밖으로 나갔다. 불가리아가 그라피티로 기억되고 마케도니아가 동상으로 기억된다면 알바니아는 벙커로 그려졌다. 거리를 지나다니다 보면 가끔 총격을 피하기 위한 작은 벙커들이 있었다. 보통은 안에 들어가 볼 수 있게 되어 있었는데 안에는 '누구누구 왔다 감'으로 보이는 말들이 여러 나라의 말들로 쓰여 있었다.

한두 명 정도 들어갈 수 있는 공간 속에 웅크린 채로 밖을 보고 있으면 이상한 기분이 들었다. 누군가가 살고자 들어온 공간이자 또 다른 누군가가 죽어간 공간에 장난치듯 구경하며 앉아 있었다. 벙커 밑에서 전쟁을 상상했다. 다리가 아프고 배가 고팠다. 시대 속에 사라진 누군가도 비슷할 것 같았다. 알바니아 귀신이 붙을 것 같다는 생각이 들 때쯤엔 빠져나와 다른 벙커를 찾았다.

벙커를 혼자 구경하고 있을 때 '차이나! 차이나!' 하는 앳된 소리가 들렸다. 초등학교 저학년 정도 되어 보이는 아이들이 버스 창밖으로 소리치고 있었다. 옆에 몇 명은 '코로나!'라는 고함을 치고 있었고 한 두 명은 눈을 찢어 작게 만들며 웃었다. 이럴 때면 조금은 난감해진다.

무리 지어 있는 어린아이들의 차별과 조롱은 파괴적이다. 부끄러움을 모르기에 더욱 그렇다. 딱히 할 말도 없고 할 수 있는 행동도 없어서 아이들을 조용히 바라보았다. 길을 걷고 있던 아저씨가 꼬마들을 향해 나 대신 화를 냈다.

"미안해. 바보 같은 어린애들이야."

아저씨는 내게 미안하다고 위로를 건넸다.

아저씨에게 고맙다고 말하며 나는 중국인도 아니고 코로나에 걸린 것도 아니고 심지어 눈은 꽤 큰 편이라고 해명해야 할지 고민했다. 딱히 할 말은 아닌 것 같아서 내 발음이나 점검했다.

"알바니아어로 미안하다가 메 팔이라고 하는 거 맞죠?"

내가 물었고 아저씨는 놀라며 고개를 끄덕였다. 짧게 발음 교정을 받았다.

씁쓸한 기분으로 숙소에 돌아왔다. 바로 공항으로 가는 버스와 그리스로 가는 항공편을 예약했다. 미리 그리스에 가 있는 것도 나쁘지 않을 것 같았다. 값싼 항공권은 어렵지 않게 구할 수 있었다. 침대에 누워 아까 일을 생각하니 괜히 분노가 치밀었다. 말이 통하지 않아서 제대로 싸우지도 못했다는 것에 괜히 심술이 났다.

괜히 화가 나서 노트북을 열어 '문명 5' 게임을 틀었다. 내 캐릭터로 세종대왕을 고르고 한껏 정복 전쟁을 벌였다. 아시아를 점령하고 동유럽으로 넘어갈 때쯤이 되니 새벽이 되었다. 대체 이게 무슨 멍청한 짓인가 싶어 노트북을 덮고 잠을 잤다.

Chapter 6.

그리스, 행복해요

대화에 굶주린 얼굴이었다

가벼운 패딩을 벗고 반팔을 입었다. 그리스의 겨울은 더운 곳이었다. 위도가 얼마 바뀌지 않았다고 생각했는데 체감되는 온도가 확 달랐다. 미적분학 책에서나 보았던 그리스 문자들로 된 이정표와 눈싸움을 했다. 호스텔 근처에 있는 역에 겨우 내릴 수 있었다.

눈을 의심했다. 한겨울에 귤인지 오렌지인지가 나무에 주렁주

령 매달려 있었다. 귤이라고 하기엔 컸고 오렌지라고 하기엔 조금 작아 아기 오렌지라는 이름을 멋대로 붙였다. 거리에서 과일 향기가 났다. 향수가 필요 없는 곳이었다.

햇빛 속에서 거리를 걸었다. 집들이 많았다. 딱딱하고 차가웠던 이전 나라들의 집과는 다르다는 느낌을 받았다. 발코니가 있었다. 확실히 못 보던 것이었다. 모든 건물에 유리창 없는 발코니가 있었다. 커피 한잔하기에 딱 좋을 것 같은 의자 옆으로 시들지 않은 식물들이 있었다. 그리스 사람들은 그 의자에 앉아 햇볕에 얼굴을 묻고 있었다. 그들은 별다른 것을 하고 있지 않은데도 행복한 표정을 짓고 있었다.

바라보는 것만으로도 포근하고 나른했다. 이런 날씨를 조금만 더 겪는다면 일을 영영 하기 싫을 것 같았다. 찬란했던 그리스 문명이 과연 실존했는지에 대한 의구심이 들었다. 이 햇볕을 마주한다면 귀족도 노예도 아무런 생각 없이 낮잠이나 잤을 것 같았다. 아니면 그렇게 고민 없이 살수 있어서 문명을 이루어 냈을지도 모르겠다.

호스텔을 찾기 위해 같은 건물을 적어도 다섯 번 돌았다. 분명히 구글 지도에 표시된 곳으로 왔지만, 숙박업소처럼 보이는 곳은 찾아볼 수가 없었다. 날은 금세 어두워졌다. 길을 잃은 표정으로 멍청하게 서 있으면서 우연한 도움을 바라기에는 너무 피곤했다. 배터리가 부족해 저전력 모드로 변경한 핸드폰처럼 아무런 기운

이 없었다. 실제로 핸드폰 배터리는 한 자릿수밖에 남지 않았다.

건물에 있는 오토바이 수리점으로 들어갔다. 나이가 진득한 할아버지를 마주했다. 할아버지는 영어를 하지 못했고 나는 그리스어를 하지 못했다. 할아버지의 눈동자에 물음표가 떠오르는 것을 실시간으로 구경했다. 할아버지는 어딘가로 전화하더니 의자에 잠깐 앉으라는 몸짓을 했다. 영문도 모르고 앉아 있으니 할머니 한 분이 오셨다. 할머니 덕분에 길을 찾을 수 있었다. 할머니는 옆 건물에서 구멍가게를 하고 계셨다. 고마운 마음에 사과 몇 개를 샀다. 오토바이는 살 수가 없어서 할아버지께 사과 두 개를 드렸다. 늘 그렇듯이 한 개는 정이 없는 법이다.

체크인하고 도미토리에 들어섰다. 문을 열자마자 나체의 남자와 마주쳐 어색하게 인사를 했다. 아래쪽을 바라볼 수는 없으니, 얼굴을 뚫어져라 쳐다봤다. 타이밍이 좋지 않다고 생각했다. 대화에 굶주린 얼굴이었다.

그는 팬티를 입고 나는 배낭을 풀며 통성명했다. 반팔을 입은 그는 내 이름을 발음하지 못했고 침대 커버를 씌운 나도 그의 이름을 발음하지 못했다. 마침 반바지를 입은 그의 옷에는 곰이 그려져 있었고 핸드폰 충전을 시작한 내 옷에는 호랑이가 그려져 있었다. '베어'는 러시아에서 왔고 '타이거'는 한국에서 왔다. 러시아와 우크라이나가 전쟁을 벌이는 중에 러시아 젊은 청년이 그리스 초저가 호스텔에서 시간을 보내고 있는 것이 좀 이상했다.

"나는 전쟁이 싫어. 타이거. 도망 다니면서 망명 신청을 하고 있
는데 잘 안되네."

옷을 다 입은 베어가 말했다.

"괜찮은 거야? 군인들이 잡으러 오지는 않아?"

내가 말했다.

"지금까지는 아니야. 나도 뭐가 어떻게 되어가고 있는지 모르
겠어. 심지어 내가 러시아인이라고 하면 모두가 나를 이상하게
쳐다봐."

베어가 고개를 절레절레 흔들었다.

베어의 영어 발음은 상당히 독특해서 의사소통하려면 몇 번을
되물어봐야 했다. 그는 'V'를 'W'로 발음했다. 그리스로 도망쳐
이 싸구려 호스텔에 삼 주 정도 있었다고 했다. 하긴 그의 침대는
여행자의 모양새가 아니었다. 모든 것이 맥없이 널브러져 있었
다. 딱 신림동 어디 자취방에 있을 법한 모양새였다. 무언가를 구
경하러 온 것도 아니었고 돈을 벌러 온 것도 아니었다. 도망친 그
의 이야기를 듣고 있자니 이유 없는 동질감이 들었다. 원인과 맥
락이야 다르지만 나도 결국 한국에서 도망친 처지였다.

매우 피곤했지만, 의자에 걸터앉아 베어와 많은 이야기를 했다.
러시아를 횡단한 경험이 있어 대화할 이야기는 부족하지 않았다.
사실 내가 말을 군이 꺼내지 않아도 베어는 온갖 대화 주제를 가
져와 내게 토해냈다. 바이칼호의 아름다운 적막과 러시아 정부

놈들의 멍청함과 시베리아의 살벌한 추위와 전쟁의 무서움에 대해 말했다. 산 지 얼마 안 된 핸드폰 충전기가 고장 난 것 같다며 그리스 놈들의 자본주의에 대한 욕이 시작될 때쯤 여분의 핸드폰 충전기를 하나 건넸다.

"타이거. 너는 정말 좋은 사람이야. 이거 진짜 내가 가져도 되는 거야?"

베어가 얼굴이 벌게져서 물었다.

"응. 난 하나 더 있어. 베어? 우는 거야?"

당황한 내가 되물었다.

"아무도 나를 도와주지 않았단 말이야."

눈시울이 붉어진 베어가 말했다.

누군가를 위로하는 것에 영 재능이 없는 나는 아무 말도 하지 못했다. 머릿속에서는 베어가 행복했으면 좋겠다는 말이 떠올랐지만 말하기가 부끄러웠다. 대신 '나는 행복하다'를 그리스어로 뭐라고 하는지 아냐고 물었다. 당연히 베어는 알지 못했다. 확실히 이상한 질문이었다.

베어는 러시아 남자라 그런지 제대로 울지 못했고 화장실로 달려가 콧물을 세게 풀었다. 그는 자기는 줄게 없다며 횡설수설하며 방을 가로지르다가 내게 파스타를 먹겠냐고 물었다. 호스텔 로비에는 간단하게 요리할 수 있는 주방이 있었다. 베어는 팔팔 끓는 물에 소금도 없이 면을 넣고 끓였다. 토마토소스 병은 거의 비어 있었다. 베어는 면을 소스 병에 집어넣더니 칵테일을 섞는 것처럼 소스 병을 흔들었다. 소스가 많지 않아 영 심심한 맛이었지만 그런대로 맛은 괜찮았다.

베어와 함께 호스텔 직원에게 짧은 그리스어를 배웠다. '나는 행복합니다'라는 문장도 배웠는데 대충 '이메 카루메노스' 라는 발음이었다. 몇 번 발음 연습 끝에 직원이 '네 마음대로 해라'라는 어른의 미소를 지은 것을 보니 내 혀는 그리스어를 하기에는 적합하지 않은 것 같았다.

낡은 것도 늙은 것도 아니었다

　　　　어떤 나라인지 상관없이 보통 호스텔에는 로비가 있다. 체크인을 위한 데스크 외에도 간단하게 요리를 하는 곳이나 쉴만한 장소가 제공되고는 한다. 호텔이나 에어비앤비와는 다른 어떤 무기력한 공간이 분명히 존재한다. 이 기묘한 공간을 좋아한다. 그래서 호스텔을 찾을 때는 로비가 사랑스러운 곳을 찾는 데 공을 들이고는 한다. 내가 자연스럽게 널브러져 있어도 아무도 상관하지 않는 곳으로 말이다.

그곳에서는 어떤 일도 일어날 수 있다. 방법은 간단하다. 눈이 마주쳤을 때 인사하면 된다. 서로에게서 아무것도 알 방도가 없는 사람들은 그렇게 친구가 된다. 물론 상대가 먼저 인사하기를 바라는 것은 보통 욕심이다. 용기를 내야 한다. 열심히 눈을 돌리고 부리나케 눈을 마주쳐 인사해야 한다.

아침에 호스텔 로비에서 눈을 마주친 건 '하루나'라는 일본 사람이었다. 그녀는 마치 일본 영화에 나올 것 같은 색채로 의자에 앉아 햇볕을 쬐며 하품하고 있었다. 오버사이즈 파스텔톤 티셔츠를 세 번 정도 빨아 물이 빠진 것 같은 풍경이었다. 가끔 그런 명확하지 않은 색감을 가진 사람이 있다. 그런 나른하고 무기력한 사람을 싫어하는 건 범죄에 가깝다. 나는 '그리스에는 왜 오셨어요?'라고 시작하는 여행자 공식 질문으로 대화를 시작했다.

"아테네는 오래 있으면 안 되는 도시야."

하루나가 말했다.

"왜? 날씨도 좋고, 볼 것도 많던 것 같은데."

내가 물었다.

"첫날에는 정말 고대 도시에 들어온 것 같아서 너무 아름다웠어. 동화 속에 사는 것 같았거든. 공주든 노예든 말이야."

하루나가 말했다.

"근데 이틀 정도 지나니까 어제 본 게 오늘 본 거랑 똑같은 것 같은 거야. 여행사에서 추천해 준 동선으로 하루 종일 열심히 다녔는데 뭔가 허무했어. 인스타그램에 올릴 사진을 건지긴 했지만."

하루나가 계속 이어 말했다.

"너 여기 일주일 넘게 있었다고 하지 않았어?"

내가 말했다.

"맞아. 세 번째 날부터는 그 모든 화려한 신전들이 그냥 다 똑같은 돌덩이로 보여. 알잖아. 남자는 다 그놈이 그놈인 거랑 똑같아."

하루나가 무기력하게 말했다.

그녀의 말처럼 아테네는 화려한 곳이었다. 원래대로라면 친구가 오기 전까지 호스텔 로비에서 아기 오렌지나 까먹으면서 낮잠이나 잘 계획이었지만 몸을 일으켜 나왔다. 하루나는 유명한 것을 먼저 보지 말라고 조언했다. 그럼 어떤 곳부터 가면 좋냐는 물음에는 하품하며 대답을 외면했다. 고양이 같은 사람이었다.

'아고라'라는 고대 그리스의 광장으로 향했다. 예전에 '다음'에서 서비스했던 똑같은 이름의 토론 커뮤니티가 떠올랐다. 온종일 싸우고 있던 그 커뮤니티의 다양한 의견들보다 아고라는 거대했다. 이 공간을 가득 채우고 토론하면 지구가 멸망하기 전에는 안 끝날 것 같았다.

조금만 걸어도 어떤 신전 대들보로 썼을 것 같은 돌덩이가 나왔다. 눈을 옆으로 돌리면 그리스에 없었다면 박물관에서 한 자리 정도는 차지할 법한 조각상들이 나왔다. 한 덩이만 주워 가도 역사적 사료로 참 많은 것을 밝혀낼 수 있을 것 같은 예술품들이 이곳저곳에 덩그러니 쌓여 놓여 있었다. 그리스답다고 생각했다.

박물관을 걷다 보니 중학교 미술실이 기억났다. 중학교 데생 수업 때는 정말 특출난 몇 명을 빼놓고는 아그리파인가 뭔가 하는 조각상을 그릴 권한이 없었다. 미술실에는 아그리파 말고도 무섭게 생긴 조각들이 많았다. 물론 조각상은커녕 직육면체 하나에도 쩔쩔매는 나는 상관이 없었던 일이었다. 아무도 그리려고 하지 않던 그 조각상들은 한군데에 모아져 누워 있기만 했다. 미술실 한쪽을 가득 채웠던 조각상들보다 훨씬 많은 조각상이 여기저기 널브러져 있었다. 점차 낡아 가고 있는 채로 세월을 맞고 있는 조각상들을 구경했다.

수많은 예술 작품을 뚫고 나가면 신전이 몇 개 있었다. 그야말로 그림책에서나 보던 그리스 신전이 있었다. 하얀 돌기둥을 세워 그 위에 높은 지붕을 올리고 조각을 새겼다. 신전에 압도당하는 기분은 생소했다. 세계 어디를 가든 더 크고 성스러운 건물도 많았지만 이런 느낌은 아니었다. 문득 건물에 색깔이 없다는 것이 느껴졌다. 색 바랜 돌덩이들이 어디에서나 나를 노려보고 있었다. 세월의 흔적이 느껴졌지만, 낡은 것도 늙은 것도 아니었다. 나도 언젠가는 그렇게 되기를 바랐다.

목을 꺾어 신전의 조각을 올려다보면서 그리스 신은 심심하지는 않겠다고 생각했다. 점심쯤에 느지막이 일어나서 오는 사람들 고민이나 좀 듣다가 옆집 다른 신이나 만나면 될 것 같았다. 이 날씨 좋은 땅에 사는 사람들이 심각한 고민을 들고 올 것 같지도 않았다. 그런 생각을 하다 보니 안고 있던 고민이 조금 가벼워졌다.

햇볕 쬐기엔 최고의 온도 밑에서 사람들이 신전 근처의 거북이나 고양이를 졸졸 쫓아다니고 있었다. 고양이야 여기저기서 볼 수 있었지만, 거북이가 도심을 기어 다니는 모습은 꽤 이국적이었다. 거북이는 생각보다 빠른 속도로 사람들과 함께 행진했다. 사람들은 거북이와 함께 사진을 찍으며 구김 없이 웃었다.

"말도 안 되게 행복해 보이는 곳이네."

돌기둥에 걸터앉아 독백했다.

다만 밥값은 별로 행복하지 않았다. 오랜 시간 동안 '이 정도 밥값이면 하루에 대여섯 끼는 먹어도 되겠다.' 싶은 곳을 방황해서인지 충격은 더 컸다. 한국에서 먹는 식사보다 꽤 비싼 가격이 영수증에 기록되어 있었다. 이 돈이면 든든한 국밥 사 먹겠다는 외침을 머릿속에서만 했다.

하루나는 야간 버스를 탄다며 파스타와 베이컨과 마늘을 주고 갔다. 딱 한 번 먹을 양이었다. 그리스산 올리브유에 마늘을 볶아 삶은 파스타 면과 휘적거렸다. '알리오 올리오'는 그 어떤 곳에서든 생존에 필수적인 레시피 중 하나였다.

내 서른은 아무것도 없었다

  공항은 떠나는 곳이고 도착하는 곳이다. 기다리는 곳도 될 수 있다는 것은 오늘 처음 알았다. '아테네 국제공항'에서 친구인 현석을 기다리고 있었다. 기다리는 것은 순수하게 재미없는 일이다.

  가끔 누군가와 이별해야 할 시점이 도래한다고 느낄 때는 일부러 약속 시간보다 한 시간은 일찍 도착하곤 했다. 얼굴을 보았을 때 기다림의 지겨움이 깨끗이 씻겨져 나간다면 이별을 미뤄두어야 했다. 잴 수 없는 감정을 군이 수치화하려고 하는 사람은 이렇게 늘 피곤하게 산다.

예정 시간보다 현석이 늦게 나와서 예약했던 기차를 취소해야 했다. 당당하게 똥을 싸느라 늦었다고 하니 화가 나기보다는 초등학교 선생님다운 답변이라는 생각이 들었다. 주먹을 날리고 함께 택시를 탔다. 올라가는 미터기의 요금을 보고 더럽게 비싼 똥 쌌다며 핀잔을 날렸다. 기차역에 도착해서도 시간은 촉박했다. 캐리어를 던지다시피 하며 달렸다. 늦은 줄 알았던 기차는 가만히 서 있었고 안에는 아무도 없었다. 숨을 몰아쉬고 있는 우리를 비웃듯이 사람들이 천천히 기차에 탔다. 기차는 결국 예상 시간보다 10분은 늦게 출발했다.

기차는 '메테오라'라는 곳으로 이동했다. 절벽 위에 있는 수도원들로 유명한 곳이었다. 그리스 한가운데쯤 있는 곳이라 한숨을 자고 일어나도 기차는 달리고 있었다. 창밖을 보고 있는데 핸드폰 알람이 울렸다. 한국에서 제야의 종을 울릴 시간이었다. 그리스 어딘가의 철도 위에서 나는 결국 서른이 되었다. 서른이 된 기념으로 사진을 한 장 찍었다. 기분이 이상했다. 서른이면 분명히 어른이어야 했는데 나는 아직도 어떤 과거에 닻을 내리고 움직이지 못하고 있었다.

어려서부터 서른은 멋질 것으로 생각했다. 별다른 이유는 없었다. 그렇게 믿고 싶어 했을지도 모른다. 어떤 번듯한 직업을 가지고 결혼해서 아이 키우는 고민을 하고 있을 것 같았다. 또 어느 정도 인정받는 삶을 살며 취미로 글을 써서 책을 몇 권은 냈을 것이라고 믿었다.

아무래도 상상은 깨어질 때 아름다운 법이다. 내 서른은 아무것도 없었다. 깨어진 파편 중에 단 하나도 갖고 있지 못한 나는 기차에 몸을 싣고 속으로 욕이나 하고 있었다. 초등학교 6학년 때 담임 선생님은 점심시간에 노래를 틀어주었다. 여러 노래가 있었지만 강하게 기억 속에 남아 있는 것은 '나이 서른에 우린'이라는 노래다.

"나이 서른에 우린 어디에 있을까. 어느 곳에 어떤 얼굴로 서 있을까."

빈 공기 속에 가사를 읊었다.

"나이 서른에 우린 무엇을 사랑하게 될까. 젊은 날의 높은 꿈이 부끄럽진 않을까."

중학교 때 친구인 지훈의 생각이 났다. 지훈은 공고를 졸업해 차를 고친다. 내 낡은 중고차도 고쳐준 적이 있다. 혼자 지하 주차장 기둥에 박았다는 고백에 지훈은 나를 한심하다는 눈빛으로 쳐다보더니 무언가를 가져왔다. 차는 금세 새것이 되었다. 지훈은 일찍 결혼했고 그를 닮은 아이도 둘이나 있다. 나는 인문계 고등학교에 갔고 대학을 나와 대학원까지 졸업했다. 미생물 밥이나 주는 내 능력은 차를 고치는 것에 비교하면 쓸 데가 없었다. 결혼은 고사하고 좋아하는 사람이 있는지도 헷갈렸다.

스물 초반쯤에는 내가 어른이고 지훈이 애 같았다. 서른이 된 지금 와서는 딱 반대다. 지훈은 어른답게 하루하루를 멋지게 버텨내고 가족이 있는 집으로 향한다. 나는 아직도 어린이에서 벗어나지 못했는지 대학원에 가 연구를 계속하겠다는 꿈 같은 소리를 하고 산다. 어떤 것이 현명하고 행복한 삶인지는 모르겠다. 인생에 정답이 없다지만 가끔 누가 가이드라인을 주면 좋겠다.

서른이 된 한국인 둘은 '메테오라'에 도착했다. 기차에서 내리자마자 산보다 큰 돌덩이들이 보였다. 나무 한 그루 없는 곳을 산이라고 말하긴 조금 그랬다. 그렇다면 저곳은 돌산이 아니라 돌덩이가 맞았다. 기묘한 풍경이었다. 밑에서부터 자연스럽게 솟은 돌이 아니라 힘센 누군가가 위에서 박아 넣은 돌 같았다. 심지어 돌덩이 위에는 작은 집들이 있었다.

아무리 살 곳이 없어도 저 돌산 위에는 못 살 것 같았다. 술 한잔하고 화장실 가는 길에 떨어져 다치기 딱 좋은 곳이었다. 대체 어떤 세입자들이 돌 위에서 사나 상상하며 예약해 둔 '홀리 록 호스텔'까지 걸어갔다. 호스텔 이름이 특이하다 싶었는데 거리를 걸으며 본 산만한 돌덩이들을 보며 이해가 갔다. 저 돌덩이들과 그 위에 사는 사람들은 성스럽지 않으면 안 될 것만 같은 것들이었다. 호스텔에서는 안녕이라는 말 대신 '해피 뉴 이어!'라고 신년을

축하한다는 인사를 했다.

높고도 높은 돌덩이 위에 있는 수도원을 걸어 올라가려고 했던 미련한 자신을 반성하며 투어를 찾았다. 새해 첫날이라 투어가 없을 것 같았지만 다행히 영업하는 곳이 더 많았다. 작은 버스를 타고 절벽 위에 있는 수도원을 몇 군데 들리는 코스였다. 아테네에서 만난 베어가 말한 대로 그리스인의 자본주의는 투철했다.

손님 없는 식당에 자리를 잡았다. 빵 안에 구운 고기와 채소를 넣은 '기로스'를 시켜 먹었다. 한입 물고 음료수를 벌컥벌컥 마셨다. 분명히 똑같은 체인점인데 맛이 없고 양도 적기로 유명했던 학교 근처 '써브웨이'가 생각났다. 그 악명높은 샌드위치에 소금 간 하는 것을 까먹고 이틀 정도 양지바른 햇빛 안에 보관한 맛이었다. 참고로 그 써브웨이는 문을 닫았다. 여행 첫 음식이 이런 것이라니 괜히 미안해져서 현석을 쳐다보았다. 배고팠는지 헐레벌떡 먹고 있는 모습을 보고 미안한 느낌은 사라졌다.

낭만이란 그런 쓸데없이 멋진 것이다

졸린 눈을 비비고 버스에 올랐다. 검은 개 한 마리가 널브러져 잠을 자고 있는 카페에서 미리 음료수와 과자를 샀다. 그리스의 새해 첫날은 그렇게 시작했다.

메테오라를 둘러싸고 있는 돌덩어리 위에는 많은 수도원이 있다. '성 니콜라스'니 '성 삼위일체'니 '성 스테판'이니 하는 이름들로 되어 있는데 어떤 곳은 다리가 있어 건너가 볼 수 있고 어떤 곳은 정말 멀리서 바라만 볼 수밖에 없게 되어 있다. 뜬금없이 솟아 있는 돌덩이 위에 다리도 없는 수도원을 보고 있자면 어딘가 성스러운 기분이 든다. 그곳에 사는 수도사들은 심심할 것 같았다. 가끔 성스러운 것은 심심한 것이나 외로운 것과 비슷한 느낌을 준다.

버스는 들어갈 수 있는 수도원 근처에 멈췄다. 이름은 각기 달랐지만, 내부는 비슷했다. 기도하는 곳과 수도사들이 지내는 곳이 나뉘어 있었다. 여행자들은 성호를 그리며 동상이며 그림에 입을 맞췄다. 코로나 옮기기 딱 좋을 것 같다는 불경한 생각을 했다. 수도원 여기저기를 돌아다니며 조각이나 그림이나 옷 같은 것을 구경했다. 가장 재밌는 것은 십자가였다. 조각마다 십자가 생김새가 달랐다. 어떤 종교적 의미가 있는지는 잘 모르겠지만 다르게 생긴 십자가를 찾는 재미에 빠져 돌아다녔다.

특이하게도 바깥세상과 연결하는 두레박 같은 것이 있었다. 큰 바구니가 매달려 있는 길고 긴 도르래의 끝은 다리 건너 버스 주차장에 박혀 있었다. 아마도 어떤 이유로 다리를 쓰지 못하면 그 바구니에 필요한 물건들을 담아 오는 것 같았다. 아니면 다리가 건설되기 전에 그 바구니를 통해 먹을 것을 받았을지도 모른다. 이곳 수도사들은 굳이 헬스장에 가서 역기를 들었다 놨다 하지 않아도 살면서 자연스럽게 근육질 몸매가 될 것 같았다. 조금은 부러워졌다.

그 정도로 속세와 떨어져야만 신성한 깨달음을 얻을 수 있는 걸까. 만약 그렇다면 핸드폰이 나온 이후 시대의 사람들은 모두 열반에 들지 못할지도 모른다. 이 작은 기계가 상용화되고 나서 사람들은 서로 단절되는 법을 잊었다. 막상 연락하지도 않으면서 인스타그램에 '좋아요'나 누르는 자신을 보며 핸드폰을 부숴 던져버리고 싶었지만 그러기에는 삶을 사는 것에 너무 불편한 점이 많았다.

수도원마다 있는 기념품 매점에는 종교 물품 외에도 올리브유를 팔았다. 그리스에 오긴 했구나 싶었다. 우리나라였으면 참기름이나 들기름일 터였다. 십자가 조각이나 묵주 같은 것들을 바라보며 살까 말까 고민했다. 왜 아무런 종교도 없는 인간이 그런 것만 보면 사고 싶다는 생각을 하는지 알 수가 없다. 특히 여행을 오면 더 그렇다. 인생에서 마지막 방문이라는 생각에 매몰차게 거부하기 어려워진다.

그리스어가 음각된 묵주 가격을 물어보고 물욕과 신앙심이 전부 사라져 매점을 나왔다. 때마침 앞에서 누군가가 어떤 초상화를 보며 기도하고 있었다. 초상화의 주인이 누구인지는 정확히 모르겠지만 성인이라고 쓰여 있었다. 종교 종류에 상관없이 누군가의 기도하는 모습을 좋아한다. 그런 것을 바라보면 괜히 행복해진다. 무언가를 간절하게 바라는 사람의 모습은 그 자체로 높게 외롭다. 그 소나무 같은 모습이 어떤 종교 의례로 나타날 때가 좋다. 그래서 가끔 성호 긋기나 합장을 몰래 따라 해보기도 했다.

수도원 안에서 보는 밖의 돌덩이들은 다른 매력이 있었다. 어째 지구 같다는 생각보다는 화성 아니면 목성 같다는 느낌이었다. 목성은 가스로 이루어져 있다고 하니 아무래도 화성이겠다. 미세먼지 하나 없는 하늘빛 하늘 아래로 먹먹한 안개가 깔려 있었다. 그 안개 사이사이로 돌산들이 하나하나 불규칙적으로 자리 잡고 있었다. 그리스 신화가 태동한 이유를 알 것 같았다. 아무리 삭막한 사람이라도 이런 곳에 몇 년을 살다 보면 그런 신화적인 이야기 정도는 몇 편을 써 내려갈 수밖에 없다.

몇몇 사람들이 낮은 돌덩이 위에 오르려 애쓰고 있었다. 보기만 해도 오금이 저려 수도원 근처에 자리를 잡고 앉았다. 균형감각을 잡으면서 돌을 오르는 모습을 보고 멀리서나마 응원했다. 대체 왜 오르는 건지 궁금하긴 했다. 저 위에는 사실 아무것도 없을 터였고 군이 풍경을 따지자면 수도원 안에서 보는 게 더 아름다웠다. 꼭대기에 오른 몇 명은 두 팔을 벌려 환호했다. 소리는 잘 들리지 않았지만, 그런 것 같았다. 무용하지만 아름다웠다. 낭만이란 그런 쓸데없이 멋진 것이다. 아마도 저런 낭만을 보고 고대 그리스 사람들은 '헤라클레스'도 그렇고 '오디세우스'도 그려냈을 것이다.

그런 장엄한 배경을 앞두고 굉장히 귀찮은 일이 계속됐다. 현석은 사진을 좋아했다. 정확히 말하면 사진 찍히는 것을 좋아했다.

나는 사진 찍는 것도 찍히는 것도 귀찮아하는 인간이지만 열심히 사진을 찍었다. 하기 싫은 것도 막상 하기 시작하면 잘 해내야만 하는 귀찮은 성격을 갖고 있다.

몇 장은 둘이 함께 찍었다. 같은 버스에 타고 있던 이탈리아 커플에게 부탁했다. 이탈리아 커플도 우리에게 사진을 부탁했다. 찍어주고 나니 다른 사람들도 내게 핸드폰을 내밀었다. 귀찮은 일을 열심히 하면 점점 더 귀찮아진다.

투어가 끝나고 우리는 이탈리아 커플과 함께 저녁 식사를 했다. 활발한 사람들을 만나니 오랜만에 기가 빨렸다. 메뉴판을 보며 고심하고 있자 남자는 파스타 위에 치즈를 덮었다는 음식을 추천해 줬다. 파스타로 쌓은 치즈 벽돌이 나왔다. 치즈 벽돌을 먹으면서 이탈리아 어디를 여행하면 좋은지에 대한 이야기를 들었다. 식사를 마치고는 아테네로 향하는 기차를 함께 탔다. 숙소에 들어서니 음식의 이름도 커플의 이름도 기억나지 않았다. 골똘히 생각해 보니 물어보지 않은 것 같기도 했다.

신은 있어야만 하는 존재였다

바지가 찢어졌다. 호쾌하게도 일직선을 가르며 말 그대로 바지가 두 쪽이 났다. 성격이 급해 신전 계단을 세 칸씩 오르고 있었던 것이 원인이었다. 하여튼 다리가 짧으면 그냥 그대로 만족하고 살아야 한다. 굳이 남들보다 빨리 가겠다고 다리를 뻗다 보면 이런 불상사가 난다. 아끼는 바지는 아니었지만 아낄 수밖에 없는 바지였다. 캐리어에 있는 바지라고는 찢어진 이

바지를 합쳐서 두 벌밖에 없었기 때문이다.

그날은 그야말로 '운수 좋은 날'이었다. 검은 후드 티 하나도 버려야 할 판이었다. 알바니아에 있을 때 호텔 빨래 서비스를 이용했었다. 몸도 안 좋고 정신도 없어서 뭐 별문제는 없겠거니 하고 옷을 받았는데 그 안일함이 문제였다. 알바니아 표백제는 다른 나라보다 서너 배는 강력한지 후드 곳곳의 색깔이 변해 있었다. 어떻게 보면 점박이 같아서 나름 홍대 어딘가를 걸으면 비슷한 옷차림이 있을 것 같아 괜찮을까 싶었지만, 자세히 보니 몇 군데가 찢어져 있었다.

평소에도 옷을 사는 것을 그렇게 즐기지는 않는다. 그래도 사람답게는 입고 다닌다고 생각하지만, 늘 예전 사진들을 보면 한숨이 나온다. 분명히 그때는 괜찮았던 것 같은데 지금 와서 보면 어떻게 이런 옷을 걸치고 다녔나 싶다. 옛날이라고 해봐야 몇 년 되지도 않았지만, 그때의 사진들을 볼 때면 시간의 흐름이 체감된다. 가끔 그 옷이 자연스러웠던 때로 돌아가고 싶다. 그때 그런 옷을 입고 만났던 사람들이 보고 싶다.

'모나스타라키 벼룩시장'으로 향했다. 분명히 '네이버' 블로그에 나왔던 설명은 골동품 가게나 기념품 가게가 많아 구경하기 좋다고 했다. 하지만 내 눈에 들어온 건 굳건히 닫힌 문밖에 없었다. 코로나의 영향인지 휴일인지는 모르겠지만 그 넓은 시장터가 전부 닫혀 있었다. 다행히 한 블록 옆으로 가니 열려 있는 시장이 있었다. 고기와 생선을 파는 곳이었다. 시장은 늘 활기찬 곳이지만 육류를 파는 곳은 더 생명력이 넘친다. 칼인지 도끼인지 구분도 안 되는 날붙이로 고기를 해체한다. 언제든 탈출할 것 같은 모습의 생선이 얼음 안에 파묻혀 있다. 생명이 사라지는 곳에서 가장 큰 생명력을 느끼는 것은 여실히 모순적이다.

시장 안에 생선구이를 하는 곳이 있었다. 냄새가 기가 막히기도 했고 한동안 내륙지방에만 있던 탓에 생선을 먹고 싶었지만, 줄이 꽉 차 있어서 다음을 기약하기로 했다. 사실 여행을 다니다 보면 다음을 말하는 것이 참 무의미한데도 관성적으로 그렇게 한다. 살면서 그리스를 다시 올 수 있을까. 오더라도 굳이 이 벼룩시장을 찾아오기는 할까.

전에 인연이 닿았던 사람과 실랑이를 한 적이 있었다. 학생에게는 조금 부담스러운 가격의 꽃다발 앞이었다. 나는 당신에게 꼭 어울리니 사주고 싶다고 이야기했고 그녀는 시간도 없고 돈도 없으니, 나중에 오자는 말을 했다. 결국 다음에 들러 사자고 약속했다. 그 약속은 당연히 지켜지지 못했다.

운이 좋게도 벼룩시장 앞 매대에서 옷을 팔고 있었다. 한국에서라면 절대 입을 것 같지 않은 갈색 셔츠와 쑥색 카고바지를 하나 샀다. 둘 다 살짝 내 몸에는 커서 접어 입어야 했다. 영 촌스러운 스타일이었지만 지금 기회를 놓치면 어디서 옷을 살 수 있을지 알 수가 없었다. 가격도 크게 비싸지는 않았다. 계산하고 나니 아주머니가 따봉을 날렸다. 두 손을 들어 쌍 따봉을 날렸다.

그 옷을 입고 '파르테논 신전'에 올랐다. 파르테논은 유적지가 즐비한 아테네에서도 딱 중심부 정도에 위치한다. 다른 지역보다 고도가 높아서 어디서나 대충 저기쯤 파르테논 신전이 있겠거니 할 수 있는 위치다. 가파른 산을 오르는 것은 아니었지만 날씨가 더워 땀을 뻘뻘 흘리며 파르테논 신전을 보러 갔다. 사실 지나다니며 본 누구네 신전이나 누구네 건축물이라는 것이 점점 비슷해져 보이는 때였다. 그러나 파르테논 신전은 확실히 달랐다. 크고, 멋지고, 아름다웠다. 그 대단한 건물에 붙이는 수식어치고는 투박하지만, 그 단어들밖에는 생각나지 않았다. 정말 크고, 멋지고, 아름다웠다.

유네스코의 엠블럼이 파르테논 신전을 모델로 한 이유가 있었다. 작은 인간은 지금으로부터 이천 년 전에 세워진 큰 건물 앞에서 심장이 뛰는 것을 느꼈다. 어렸을 때 이 건물을 직접 봤다면 아마 건축학과에 가지 않았을까 싶어질 정도였다. 어렸을 때 무언가를 잘 봐 두는 것이 중요하다. '동물농장'이나 '내셔널 지오그래픽'을 챙겨 보던 초등학생은 결국 생명공학을 전공하고 말았다. 어쨌든 미생물 밥이나 챙기는 것이 일인 나조차도 충분히 느낄 수 있는 아름다움이 있었다. 세월의 흔적에 의해 부서진 부분조차 아름다웠다. 신은 있어야만 하는 존재였다. 적어도 그리스에서는 그랬다.

파르테논을 보고 내려오는 길에도 여러 건축물이 있었다. 하지만 아무런 감흥도 없었다. 파르테논 신전만이 기억에 남았다. 전에 호스텔에서 만난 하루나가 했던 말이 기억났다. 아마도 그녀는 첫 번째 날에 파르테논 신전을 보고 말아 버린 것이 분명했다. 그녀의 말처럼 나는 아테네 여기저기 펼쳐져 있는 고대 건축물이 그저 돌덩이처럼 인식되기 시작했다.

숙소로 돌아와 옷을 벗으니, 종아리가 쑥색으로 염색되어 있었다. 비를 맞은 것도 아닌데 땀에 바지 염색이 빠져버린 것이었다. 아주머니가 날린 따봉은 '이 옷 좋으니 잘 입어요!'의 의미가 아니었다. 아마도 '호구라서 고마워요!'였을 것이다.

누군가 아주머니에게 오늘의 기분을 묻는다면 실실 웃으면서 '이메 카루메노스!'를 연발할 것이 분명했다. 그리스 호스텔에서 배운 '나는 행복합니다!'라는 그리스어였다. 화가 나서 샤워를 했다. 종아리에 묻은 색깔은 지워지지도 않았다. 피부에서는 지워지지 않고 옷감에서는 지워지는 염료라니 그야말로 어이없는 일이었다.

그래도 적당하게 행복했다

　　이태원 근처에 있는 고등학교를 졸업했다. 가끔 그 이유만으로 아는 사람들에게 이태원 음식점을 추천해야만 했다. 지금이야 너무 특이하지도 너무 무난하지도 않은 음식점 몇 가지를 고민 없이 추천할 수 있지만 새내기 때는 그렇지 못했다. 토요일 자율학습을 끝내고 점심을 먹었던 것이라고 해봐야 '피자리움'의 조각 피자나 '타코벨'의 퀘사디아 정도였다.

초등학교 때 짝사랑했던 친구를 수소문해서 이태원에서 만날 때도 비슷한 수준이었다. 일주일 전부터 검색을 해가며 결국 고른 곳은 그리스 음식점이었다. 고기를 꼬치에 끼워 구워낸 '수블라키'랑 빵에 고기와 채소를 넣어 먹는 '기로스'를 먹었던 것 같다. 내 인생 첫 그리스 음식은 텁텁하고 뻑뻑했다. 맛이 없었다는 뜻이다. 추억도 그랬다. 뭔가 뭉클한 감정을 기대하고 나갔는데 막상 만나니 그런 감정은 하나도 되살아나지 않았다.

그리스에서 먹은 그리스 음식도 별반 다르지 않았다. 사실 그리스 음식은 건강식으로 유명하다. 별다른 향신료도 사용하지 않고 기름 쫙 빠진 고기나 소금 친 것을 까먹은 것 같은 감자튀김이나 어딘가 허전한 요구르트의 조합이다. 건강하다는 뜻은 다시 말하자면 맛이 없다는 의미다. 덧붙이자면 값이 비싸다는 말이다. 그래서 그런지 그리스 거리를 걸어 다닐 때 영 힘이 없었다.

구운 빵 쪼가리와 구운 고기를 입에 쑤셔 넣고는 '아테네 현대미술관'으로 향했다. 방향성도 없고 목적도 없었던 여태까지의 여행과는 다르게 현석을 만난 후로는 꽤 흥미로운 것들을 보러 다녔다. 바람에 흔들리는 억새와 같은 기분으로 흐름에 몸을 맡겼다. 어디에 갈지 별생각이 없었다. 타인의 계획대로 흘러가는 여행은 오히려 어렵지 않았다. 길을 찾는 것도 그랬다. 현석의 장점은 한 세 시간 정도를 고민해야 하나 나올까 말까 한 것이었지만 길 찾는 능력만큼은 늘 인정해야 했다.

현대미술은 어디에서나 그렇듯 알 듯 말 듯 한 감정을 가져온다. 굳이 해석하자면 이런 의미가 있지 않나 상상하는데 결국은 별 의미가 없는 것 같다는 느낌을 받는다. 웬 헤드폰을 줄줄이 천장에 걸어 놓은 작품이나 거대한 막대기들을 이리저리 겹쳐 놓은 작품 앞에서 한참 서 있었다. 별다른 감흥을 받은 것은 아니고, 다리가 아파서였다.

사실 미술관을 그렇게 좋아하진 않는다. 그렇다고 미술 작품이 싫은 것은 아니다. 다만 미술관에 가면 작품과 작품 사이를 언제 넘어가야 하는지 영 모르겠다. 뚫어져라 한 작품을 쳐다보고 있자니 어째 시간이 아깝고, 산책하듯 가볍게 보자니 돈이 아까워져 버리고 만다. 가끔 시집을 봐도 비슷한 기분이다. 하나의 시를 읽고 상상하라고 하면 며칠이라도 할 수 있지만 보통은 쓱 읽고 치워버리고 만다.

예술에 대해 무지몽매한 현대인을 위한 지침서 같은 것이 있으면 좋겠다. '몇 인치의 유화 그림은 몇 분을 보고 넘어가세요' 같은 팁이라도 있으면 나 같은 멍청이도 미술관을 즐길 수 있을 것 같다. 팸플릿에는 당연히 그런 팁이 적혀져 있지 않았다. 그래서 노아의 방주 비슷한 배 앞에서 시간을 좀 보내다가 찢어진 옷이나 쓰레기봉투 전시 앞에서는 발걸음을 빠르게 했다. 창의력이 조금 올라갔을까 싶었는데 별로 그런 것 같지는 않았다.

미술관에서 나가 근처의 여러 유적지를 돌아다녔다. 하지만 파르테논을 보고 난 뒤라 그런지 별다른 생각은 없었다. 그리스 신 중 가장 높다는 제우스의 신전도 마찬가지였다. 제우스 신전은 다 부서지고 몇 개 기둥밖에 남지 않은 곳이었다. 허허벌판에 혼자 솟아 있는 기둥을 보면서 벤치에 앉아서 졸았다.

분명 불경한 짓인 것 같긴 한데 그 근처에서 아이들은 공을 차 고 있고 노숙자들이 쓰레기통을 뒤지는 걸 보면 조는 것 정도 는 괜찮지 않을까 싶었다. 가끔 그런 애매한 볼거리를 보면 여행 은 무엇인가에 대한 고민을 하게 된다. 이 애매한 아름다움을 보 고 얼마나 경탄해야 하는 건지 아니면 그냥 무시해도 되는지 알 기 어렵다.

그리스 음식에 대한 감상이 최악으로 빠져버린 건 술 때문이었 다. 현석과 나는 숙소에서 저녁과 함께 술을 마시고는 했다. 보통 은 맥주였는데 그리스 전통 술이라는 타이틀을 보고 '우조'라는 술을 샀다. 검색을 해보니 주정에 고수와 아니스, 계피 같은 향신 료를 넣고 숙성한다는 것 같았다. 소주처럼 투명하게 생겼는데 물 에 타면 우유처럼 뿌옇게 변했다.

적어도 '식욕을 돋우는 효과가 있다'라고 말한 '나무위키' 자료 는 거짓말인 것 같았다. 이 술을 식전에 마시면 어떤 산해진미가 나와도 양치하고 싶어질 것 같았다. 내 인생에서 마신 술 중에 최 악이었다. 온갖 역한 냄새의 풀들을 입에 넣고 씹다가 소주와 함 께 넘기는 그런 느낌이었다. 한 잔은 그리스 식문화에 대한 존중으로 마셨지만, 두 번째 잔부터는 꼭 문화가 다양해야 할까 고민하기 시작했다.

대신 꽤 괜찮은 그리스 맥주를 마시며 현석과 많은 이야기를 했다. 한국어 하는 것이 싫어 도피한 인간은 결국 한국어로 말하고 있었다. 미래에 대한 고민부터 과거에 대한 실수까지 대화 내용은 다양했다. 보통 내가 혼자 말하고 현석은 고개를 끄덕이거나 마지못해 몇 마디를 했다.

"어쨌든 자기가 행복한 걸 하는 게 좋아."

내가 말했다.

"행복 좋아서 원하는 거 하다가 망하면 어떻게 하려고?"

현석이 물었다.

"그리스 와서 한국 음식 팔아야겠다. 짜고 매운 거로."

술기운 때문인지 나는 어디에서부터인가 길을 잃은 것 같다고 고백했다. 그런 생각을 하면 쉽게 취했다. 조금은 슬펐다. 그래도 적당하게 행복했다. 그것이 맥주 때문인지 그리스 때문인지는 알 수 없었다. 확실히 우조 때문은 아니었다.

해풍 맞는 어포 마냥 멍하니 있었다

       느지막하게 일어났다. 한국에서 바삐 살던 버릇은 다 사라져 버리고 말았다. 여행을 오래 다닐 때 생기는 자연스러운 게으름이 좋다. 짧은 여행은 어쩐지 조바심이 든다. 삶에서 방학이 사라져 버리고 나면 긴 여행을 다니기는 어려운 일이다. 강제로 방학을 시작해 버린 내 삶이 갑자기 나쁘지 않게 느껴졌다. 이 방학이 끝나고 나면 한동안 여행을 다닐 시간을 낼 수 없거나 놀러 가더라도 이렇게 부질없는 하루를 보낼 여유는 없을 것이었다.

현석은 벌써 미리 나가 어딘가를 돌아다니고 있었다. 구글 지도를 보니 마침 근처에 '기념 묘지'라는 곳이 있어 거기서 만나기로 했다. 당연히 묘지가 많았다. 여러 생김새의 묘지를 구경하면서 시간을 보내려고 했는데 의도치 않은 변수가 하나 있었다.

실제로 장례를 치르는 곳이었다. 사제로 보이는 사람이 앞장섰고 검은 양복을 든 사람들이 관을 들고 뒤따랐다. 우는 사람도 없고 웃는 사람도 없었다. 누군가의 죽음을 앞에 둔 사람들을 보며 이곳은 우리가 구경할 곳이 아니라는 생각에 자리를 피했다.

기묘한 일이다. 어떻게 보면 종묘도 죽은 사람들을 모신 곳이고 타지마할도 죽은 사람을 기리기 위한 곳이다. 삶의 덧없음을 아름다움으로 칠한 곳은 별다른 부담감 없이 구경하지만, 그 속에서 실제 죽음을 보게 되면 그것보다 마음이 무거워질 수가 없다. 무거움 속에서도 어떠한 정신적 자유를 느낀다. 나도 죽겠구나. 언젠가는 나를 기억하는 사람이 한 명도 없겠구나. 예정된 완벽한 망각은 죽음을 오히려 덤덤하게 생각하게 한다.

새벽안개 같은 마음을 지우기 위해 조금 생동적인 것을 보러 가고 싶었다. '파나티나이코 경기장'은 기원전에 건설된 대리석 경기장이다. 달리기나 여러 운동 경기를 했을 법한 넓은 공간을 대리석이 조개처럼 감싸고 있다. 경기장에 대한 설명을 듣고 있다

보니 기원전이라는 말의 무게가 조금 다르게 느껴졌다. 그리스에 오기 전 기원전은 정말 까마득히 오래전이라는 느낌이었다. 지금은 술 먹고 잘 기억 안 나는 어제 같은 느낌이다. 그만큼 기원전에 세워졌다는 건물들이 말도 안 되게 깔끔하게 남아 있었다.

이 경기장에서 뛰었을 사람들의 후손들은 아직도 경기장에서 운동하고 있었다. 체육 선생님을 졸졸 따라다니는 꼬마들이 장애물 달리기나 핸드볼을 연습했다. 관광객들은 전부 트랙 위에서 포즈를 취하고 짧은 달리기를 했다. 달리기를 하기에는 너무 귀찮고 더워서 관람석 위에 걸터앉았다. 해풍 맞는 어포 마냥 멍하니 있었다. 아이들이 까르르 웃으며 달리는 모습을 바라봤다.

안에 있는 박물관에는 역대 올림픽 포스터들이 전부 전시되어 있었다. 서울 올림픽 포스터도 있었는데 캐리어에 넣으면 구겨질게 분명해서 사진 않았다. 내게 88 올림픽은 어른을 나누는 경계선 같은 것이었다. 어렸을 때 나이 찬 어른들은 내게 88 올림픽도 못 봤겠다는 농을 던졌다. 지금은 내가 나이 찬 어른이 되어버렸다. 고등학교를 졸업하고 바로 군대에 온 신병에게 그럼 2002년 월드컵도 못 봤겠다고 말했다. 오래된 농담을 답습할 때 비로소 나이가 차긴 했다는 느낌을 받는다.

그리스는 돌이었다. 그리스라는 나라를 생각하면 바로 떠오르는 것이 돌이 되었다는 뜻이다. 그것이 어떠한 편견의 편린일지라도 나라에 대해 직관적으로 떠오르는 것이 생겼으면 바로 그때가 다른 나라로 이동할 시기다. 그런 개똥 같은 철학을 가지고 있다. 불가리아의 그라피티, 마케도니아의 동상, 알바니아의 벙커처럼 그리스는 돌이었다. 복잡하고 다양한 발칸 반도 역사를 뒤로하고 세워진 나라들은 멍청한 동양인 한 명에 의해 한 단어로 요약되고 말았다.

배를 타야 했다. 사실 비행기를 타는 것이 훨씬 합리적인 선택인 것은 알고 있었다. 하지만 배를 타야 했다. 배를 타는 이유는 간단했다. 아무래도 멋있기 때문이다. 현석을 설득하는 데는 시간이 필요하지 않았다. 별다른 동의 없이 그냥 내 마음대로 했다. 그리스에서 출발하는 야간 페리를 타고 터키로 넘어가 새벽에 작은 배로 갈아타는 여정이었다. 야간 페리라는 단어는 자석처럼 나를 끌어당겼다. 야간이라는 단어는 낭만적이다. 페리는 더욱더 낭만적이다. 당연히 그 둘을 합친 야간 페리보다 낭만적인 단어는 별로 없다.

땀을 뻘뻘 흘리고 졸음을 참으며 카페에서 시간을 보내고 배를 탔다. 4인 1실을 예약했는데 내 상상보다 훨씬 숙소는 괜찮았다. 일반 호스텔 4인실과 비슷한 느낌에 심지어 샤워실도 있었다. 당연히 물이 안 나오겠거니 하고 돌린 샤워기에서는 따뜻한 물이 나왔다.

돈을 내면 바다 한가운데에서 인터넷도 사용할 수 있었다. 세상과의 단절을 선호하는 나는 당연히 돈을 내지 않았지만, 현석은 돈을 냈다. 그리고 새벽에 몇 번을 일어나 일을 했다. 자기 반 학생들의 중학교 배정에 대한 것이었다. 야간 페리에서의 새벽 노동이라니. 낭만의 치사량에 도달한 기분이었다. 물론 나는 야간 페리에서의 숙면을 택했다. 당연히 그쪽이 더 행복했다.

혼자 설렌 마음으로 배 이곳저곳을 구경하며 다녔다. 술을 파는 바도 있었고 간단한 음식을 판매하는 식당도 있었지만, 남들 먹는 것을 보니 영 상태가 별로였다. 영화에서 보던 것처럼 딜러가 있는 카지노나 휘황찬란한 연회는 없지만 배라는 공간은 늘 어른을 소년에 가깝게 만들어 주는 곳이다. 갑판 근처에서 한동안 시간을 보냈다. 밤바다여서 아무것도 보이지 않았지만, 짠 냄새를 맡는 것만으로도 기분이 좋았다.

Chapter 7.

튀르키예, 사랑해요

바다가 속마음을 다 내보이고 있었다

　　　배가 연착됐다. 항구 앞에 유일하게 연 식당
이 있어 커피를 시켜 놓고 바다를 바라봤다. 새벽 어딘가에서 해
가 떠오르는 모습을 지켜봤다. 맨정신으로 일출을 바라본 것이 몇
년 만인지 알 수 없었다. 검정은 보라색과 남색으로 바뀌더니 결
국 하늘색이 되어 제자리를 찾아갔다. 생각해보면 하늘의 색깔을
하늘색이라고 하는 것도 웃기는 일이다. 페리의 반의반도 안 되

는 크기의 통통배를 타고 '체스메'로 향했다. 원래는 바로 버스를 타고 '이즈미르'라는 대도시로 갈 예정이었지만 낡아버린 몸 때문에 쉬어가기로 했다.

아무런 정보도 없고 어떠한 기대도 없던 곳에 반해버리는 일은 흔치 않다. 사람이든 물건이든 어떤 것을 좋아하는 것에 시간이 꽤 걸리는 나 같은 인간은 더욱 그렇다. '첫눈에 사랑에 빠졌다' 라는 감정은 거짓말이라고 생각하면서 살았다. 하지만 그 감정이 꼭 거짓말은 아닐 수도 있을 것 같았다. 나는 체스메라는 도시와 첫눈에 반해버렸다. 굳이 검색을 해서 사랑을 뜻하는 튀르키예어를 찾았다. '아슈크'라고 읽는 것 같았다.

바다가 맑았다. 맑다는 말보다 맑은 단어를 찾으려 한동안 고민했다. 바다가 속마음을 다 내보이고 있었다. 그런 솔직함을 바라보고 있으면 마음이 편안해졌다. 이곳저곳에 작은 배들이 쉬고 있었고 그 앞에는 꼭 개 한 마리가 누워 낮잠을 자고 있었다. 생선 냄새가 나는 곳엔 꼭 고양이 몇 마리가 서성이고 있었고 어부는 자투리 생선을 던져 줬다. 이 아름다운 곳의 완성은 사람이 많지 않다는 것이었다.

혼자 바닷길을 걸었다. 여분의 양말이나 수건을 가지고 나오지 않았음에도 굳이 바다에 발을 담그는 습관도 여전했다. 맨발로 참 방참방 걸었다. 한참을 걸어도 사람이 보이지 않았다. 끝자락에 도착해서야 낚시하는 남자들과 물장구치는 아이들이 보였다. 아이들은 머뭇거리더니 내게 대화를 시도했다. 번역기는 정말 어쩔 수 없는 상황이 아니면 꺼내지 않는 게 철칙이지만 아이들과 대화하고 싶어 번역기를 켰다.

"어떤 나라에서 왔어요?"

빨간 옷 꼬마의 질문이었다.

"코리아. 코리아. 한국에서 왔어요."

내가 대답했다.

"여기는 왜 왔어요?"

빨간 옷 꼬마 뒤에 숨어 있던 노란 옷 아이가 물었다.

다시 마주한 어려운 질문에 대답을 잃었다. 어린아이의 눈높이에 맞춰 맛있는 것도 먹고 수영도 하고 놀려고 왔다고 말했다. 아이들은 고맙게도 이방인을 위해 튀르키예 음식을 추천해 줬다. 번역기 성능이 영 좋지 못했는지 대부분은 이해하지 못했지만, 마지막 말은 확실하게 이해했다.

"어제 저기서 생선구이를 먹었는데 엄청 맛있었어요!"

빨간 옷 꼬마의 외침이었다.

대체 저기가 어디인진 모르겠지만 생선구이는 꼭 먹어야겠다고 생각했다. 양념 하나 없이 구운 고기와 퍽퍽한 감자튀김은 이제 지긋지긋했다. 꼬마들과 잠깐 물장구를 치다가 숙소에 들어가 낮잠을 잤다. 직접 노를 저은 것도 아닌데 배를 타고 나니 온몸을 두들겨 맞은 것처럼 피곤했다.

잠을 푹 자고 나서 이즈미르로 향하는 버스를 찾으러 갔다. 구글을 뒤져봐도 정류장 정보는커녕 체스메 여행 후기도 없었기에 미리 확인하고 싶었다.

　간이 버스 정류장에 축 처져 있는 할아버지들은 튀르키예어로 무언가를 열심히 말했다. 당연히 하나도 이해할 수 없었고 몇 번의 바디랭귀지 끝에 표 가격과 출발 시간을 알 수 있었다. '이즈미르'로 언제 가냐고 질문을 할 수가 없어서 '이즈미르!'만 외치면서 부우웅 소리를 내며 버스 흉내를 냈다. 할아버지는 열심히 말을 하더니 포기하고 지폐를 세서 보여주고 시계를 돌려 알려줬다.

　말이 없는 완벽한 대화였다. 모르는 언어에 둘러싸이는 기분은 두렵지만 흥미롭다. 특히 단어 하나도 유추할 수 없는 언어는 그렇게 사랑스러울 수가 없다.

　숙소로 향하는 길에 '체스메 성'이 있어서 들렸다. 튀르키예 서쪽 바다를 지키는 첫 요새 같았다. 여기저기에 대포가 널려 있어 괜히 신이 났다. 나이 서른 먹고 대포 옆에 서서 진지하게 쏘는 시늉을 했다. 아무도 없어서 다행이었다.

　강화도 생각이 났다. 강화도에도 외침에 대비했던 초지진이니 덕진진이니 하는 작은 진이 있다. 그곳이나 이곳이나 성벽에 턱을 괴고 바다를 바라보면 아름답다는 생각밖에는 들지 않는다. 그 옛날의 누군가는 저 바다를 가득 채운 적들을 보며 무슨 생각을 했을까 상상했다. 그런 슬픔을 상상하기엔 너무 바다가 아름다웠다.

바다 옆 가게에서 생선구이를 주문했다. 종업원은 두 가지 종류의 생선 이름을 말해주며 그중에 하나를 고르라고 했다. 홍채에 물음표를 몇 번 띄우자, 종업원은 내게 잠깐 나오라고 했다. 생선 이름 모른다고 한 대 때리려나 싶었는데 문 앞에 있는 생선들을 보여줬다. 생선 얼굴만 보고 뭐가 맛있는지 알 수는 없었지만 느낌 가는 대로 골랐다. 선택은 완벽했고 오랜만에 마주한 생선에 여지없이 만족했다.

생선구이를 안주로 맥주를 비울 동안 고양이 한 마리가 계속 나를 쳐다보고 있었다. 턱시도를 입은 것처럼 검은색과 하얀색 털의 고양이였다. 울면서 달라는 것도 아니고 계속 째려보고 있길래 사진을 찍었다. 고양이가 귀여워 살점을 좀 던져 주고 싶었지만 그러기에는 너무 생선구이가 맛있었다.

감자튀김이 아니라 웨지감자인 것도 감격스러운 것 중의 하나였다. 그리스 음식에 지쳐버렸던 나는 바로 행복해졌다. 하긴 한국에서도 케밥이 유명하지, 기로스가 유명하지는 않았다. 나는 일반화의 오류를 사랑했다. 튀르키예 음식이 그리스 음식보다 두 배는 괜찮다고 생각하기로 했다. 식사를 마무리하는 중에 세상에서 가장 아름다운 바다에 노을이 깔렸다. 태양이 퇴근하고 나서도 바다만 바라봤다.

떠나기 싫을 때가 있다

떠나기 싫을 때가 있다. 헤어짐을 망설이는 이유를 대라고 하면 막상 찾지도 못하지만, 확실히 떠나기 싫을 때가 있다. 장소도 그렇고 사람도 그렇다. 체스메가 그런 장소였다.

자기소개서 쓰는 것에 익숙해진 나이는 좋아하는 것에도 굳이 이유를 붙여야만 마음이 편해진다. 하지만 바다가 완벽한 직선의 수평선 위에 더 완벽한 곡선을 파도를 쌓았다는 이유밖에는 생각나지 않았다. 좋아하는 것마저도 정량해야 하는 세상에서는 하등 쓸모없는 문장이었다.

며칠 더 머무르고 싶었지만 헤어져야 했다. 대학원 몇 군데의 화상 면접 요청을 받은 상태였다. 여태 이대로 놀기만 하면서 여행해도 되냐는 스스로의 물음을 굳이 외면하고 있었다. 더구나 방문 면접을 위해 미국행 표를 예약해 버렸으니 이 여행의 시작은 충동적이었어도 끝은 완벽하게 정해져 버리고 만 것이었다. 귀국일이 정해진 여행의 시간은 여지없이 소중하다.

이즈미르라는 대도시로 향했다. 정류장으로 가는 긴 바닷길을 이름도 모르는 개와 동행했다. 검은 개는 꽤 오랜 시간 동안 쫓아오더니 갑자기 매정하게 돌아가 버렸다. 이즈미르의 첫인상은 부산이었다. 대학교 때 강이 끝나는 곳과 바다가 시작하는 곳이 궁금하다는 이유로 서울에서 부산까지 걸었던 적이 있다. 결국 품었던 궁금증은 해결하지 못했지만 살면서 처음으로 부산에 도착했던 느낌은 아직도 생생하다. 어디서부터인가 짠 내가 났다. 낯선 튀르키예 땅에서 같은 느낌을 받았다.

큰 바다를 원 없이 바라봤다. 바닷가를 달리는 올드카 몇을 지나치고 낮잠에 푹 빠진 개들을 건너 멍하니 있기 좋은 햇볕 속에 앉았다. 바다가 좋은지 산이 좋은지에 대한 오래된 논쟁을 생각했다. 산보다는 훨씬 바다를 좋아하는 편이었지만 이유를 대는 것은 쉽지 않았다. 가만히 생각해 보면 바다 여행은 참 이상한 것이다.

산을 가는 이유는 설명하기 쉽다. 공기도 좋고 운동도 되고 심지어 높은 곳에 올랐다는 성취감도 가질 수 있다. 땀을 흘리면 스트레스가 풀린다는 것은 누구나 아는 사실이다. 산을 오르내리는 과정에서 동행과 많은 대화를 할 수도 있다. 심지어 하산하고 나서 막걸리 한 주전자에 감자전이라는 마리아주가 기다린다.

바다는 그런 곳이 아니다. 기껏 도착해 봐야 할 수 있는 것은 바다를 바라보는 것이다. 그 시선 속에서 아무런 생각을 하지 않거나 아니면 쓸데없이 많은 생각을 하는 것뿐이다. 수영을 할 수 있는 때도 한정적인 계절이고 사실 바닷바람은 꽤 매서운 편이라 몇 분 지나지 않아 바닷가에 앉아 있는 것도 궁상이 된다. 그래도 나는 산보다는 바다에 간다. 겨울 바다도 좋아하고 밤바다도 좋아한다. 사람도 마찬가지다. 확실한 이유를 댈 수 있는 사람보다는 바다 같은 사람을 좋아한다. 가끔 이유를 대야 할 상황이 오면 곤란하게 웃을 수밖에 없다.

바닷바람에 머리가 흩날렸다. 머리 정리를 하지 않은 지 꽤 오래돼서 노숙자 비슷한 몰골이었다. 거리를 걸어 다니며 미용실 비슷한 것을 찾았다. 머리 자르는 일은 늘 긴장되는 것이다. '어떻게 잘라드릴까요?'라는 질문이 수능보다 세 배는 어려운 것 같다. 내가 할 수 있는 것은 모든 감각을 관상에 집중해서 헤어 디자이너를 고르고 최선을 다해 달라는 눈빛으로 간절하게 바라보는 것뿐이다. '쿠아포 어밑'이라고 이름 붙여진 미용실에서는 푸근해 보이는 인상의 남자 한 명이 수건을 개고 있었다.

"어떻게 잘라줘요?"

안경 쓴 사장님이 말했다.

"튀르키예 베스트 스타일!"

대책 없는 내가 말했다.

사장님은 일생일대의 고민을 하는 표정을 짓더니 금세 내 머리를 잘랐다. 머리카락이 눈에 들어가서 눈을 감고 있던 나는 그저 기도하는 수밖에 없었다. 세면대가 바로 앞에 있었다. 어디에 따로 누울 필요도 없이 머리 자르는 의자에서 앞으로 고개를 숙여 머리를 감았다. 어느새 늘어나 버린 뱃살이 문제라면 문제였다. 기도 끝에 완성된 머리는 많이 보던 머리였다. 군 생활 중 영내 이발소에 가면 완성되는 머리를 낯선 튀르키예 땅에서 마주할 수 있었다. 영내에서는 그 머리를 '장교 머리'라고 불렀다. 생각보다 나쁘지 않아서 기분이 좋아졌고 사장님과 함께 사진을 찍었다.

현석은 그리스에 오기 전부터 먹어야 하는 튀르키예 음식의 종류를 공부해 왔다. 어지간히 유별나다고 생각하긴 했지만, 메뉴가 정해지니 뭘 먹어야 할지에 대한 고민도 없어져서 편하긴 했다. 먹을 것을 정하고 나서도 굳이 음식점을 찾지는 않았다. 지나가다 있으면 먹고 아니면 만다는 것은 내 여행 버릇이자 고집이었다.

그래도 가끔은 그 아집이 성공하는 편인데 튀르키예 채소 피자인 '라마춘'도 그랬다. 대중교통을 타겠다고 동전을 바꾸러 온갖 가게를 들락거리다가 찾은 식당이었다. 사장님은 한국어는커녕 영어도 한마디도 하지 못했지만, 여차저차 '라마춘'을 시킬 수 있었고 얇은 화덕 피자 맛은 충분히 감동적이었다. 피자를 감자전처럼 얇게 구운 느낌의 음식이었다.

튀르키예 음식은 사람을 기분 좋게 한다. 기분이 맛있는 음식에 좌우되는 것은 조금 부끄럽지만 확실한 일이다. 라마춘을 반으로 접어 씹으면서 그 가설을 입증했다. 피곤한 날이었다. 지하철을 타려고 했는데 지하철 매표소에는 아무 사람도 없었다. 무인 매표 기계는 지폐를 날름 먹더니 아무것도 뱉어내지 않았다. 다른 기계는 지폐를 넣으니 달라는 표는 안 주고 동전만 와르르 토해냈다. 역무원은 동전을 바꿔줄 지폐도 없었고 표도 가지고 있지 않았다. 지하철 하나 타는 데 세 시간이 걸렸다. 그래도 음식이 맛있었으니 괜찮았다.

온몸을 두들겨 맞고 마침내 행복했다

　　'풀잎반'이나 '바다반' 같은 이름에서 멀어져 '행당초등학교 몇 학년 몇 반'하는 획일적인 삶에 익숙해질 때쯤 이었다. 집에 돌아가는 길은 짧지 않았다. 초등학생의 짧은 다리 길이 때문이기도 했지만, 모험을 하고 싶다고 굳이 먼 길을 빙 돌아가는 괴벽 때문이기도 했다. 분명히 큰 도로를 따라가면 집에 손쉽게 갈 수 있었지만, 어린 마음은 모험을 원했다. '무인도에서 살아남기' 같은 만화를 보고 나서 더 그랬던 것 같다. 하굣길 근처에는 모험을 할 만한 길이 많았다. 중학교 담장을 넘어 공사장 길을 통해 뒷산으로 집에 가는 길이 대표적이었다.

지금은 아파트가 비석처럼 세워져 있는 곳이지만 그때는 다 쓰러져 가는 판자촌과 구식 아파트와 공사판이 넘치는 곳이었다. 보조 바퀴를 뗀 자전거 몇 대가 묶여 있는 집 근처에는 내가 '간판 무덤'이라고 이름 붙인 곳이 있었다. 간판을 제작하다가 망해버렸는지 아니면 다 쓰고 남은 간판 쓰레기들을 둘 곳이 없어 방치한 것인지는 모르겠지만 다 낡아버린 간판들이 무더기로 있었다.

아무도 없는 집에 가기 싫을 때는 '간판 무덤'에서 간판을 밟고 놀았다. 그 간판 중 하나는 '터키탕'이라고 쓰여 있었다. 아마도 그때가 '터키'라는 이름을 처음 접했을 때가 아닌가 싶다. 늘 모든 것에 대해 궁금해하라던 선생님은 터키탕이 무엇이냐는 어린 아이의 질문을 회피했다. 나중에 크고 나서야 터키탕은 튀르키예로 이름을 바꾼 터키와는 아무짝에도 관련이 없는 성매매 업소라는 것을 알게 됐다. 지금 내 또래였을 선생님이 얼마나 당황했을지 상상이 되지 않는다.

방에서 혼자 면접을 준비하고 있다가 문득 그런 옛 생각이 났다. 하기 싫은 일을 계속하고 있자면 어쩔 수 없이 재밌는 생각이 난다. 튀르키예에는 정말 터키탕이 있는지에 대한 검색을 하다가 증기로 목욕하는 공중목욕탕이 있다는 것을 알게 됐다. '하맘'이라고 부르는 공중목욕탕에서 마사지를 받는 것 때문에 한국에서 와전된 것 같았다. 어쨌든 정신을 차리고 보니 하맘 앞에 도착했다.

코스는 풀 코스로 결제했다. 부산에서도 못 받아본 풀 코스를 튀르키예 어디 구석에 있는 '페스 스파 하맘'에서 받아보게 됐다. 입장하고 나서 대체 어디로 가야 하는지 눈치를 보고 있다가 뒤에 들어온 사람이 가는 곳으로 졸졸 따라갔다. 처음 들어간 곳은 증기 목욕탕이었다. 우리나라 목욕탕처럼 몸을 담그고 있을 수 있는 곳은 없지만 따뜻한 물이 나오는 곳이 여러 군데 있었다. 아저씨들은 어딘가에서 가져온 놋그릇으로 물을 받아 몸에 끼얹었다.

공간 가운데에는 넓은 돌이 있었다. 대체 이 돌침대는 어떻게 쓰는가에 대해 고민했다. 따뜻한 물을 충분히 즐긴 사람들은 돌 위에 척 누웠다. 돌판에 햄 굽는 것 같은 풍경이었다. 누군가는 돌 위에서 잠을 잤고 누군가는 졸고 있는 친구 얼굴 위에 굳이 물을 부었다. 물을 부은 친구를 때리려 쫓아다니는 코미디를 보고 있다가 스스로가 수육이 되어가는 기분이라 금세 나왔다.

처음 들어올 때 눈인사했던 아저씨가 고개를 저었다. 여기도 한국 사우나처럼 모래시계가 지날 동안 식혜도 없이 뜨거운 것을 버티지 못하면 어른 취급을 받지 못하는 건가 싶었다. 서로 '와이?'와 '노!'만 반복하다가 아저씨의 손짓을 따라서 다시 목욕탕에 들어갔다.

목욕탕 뒤쪽에 세신을 하는 곳이 있었다. 돌침대 위에 누워서 때를 밀고 거품을 칠했다. 정확히 말하면 나는 멍청하게 천장을 보고 있었을 뿐이고 딱 봐도 장인처럼 보이는 세신사분이 의미 모를 구호와 함께 내 몸의 때를 밀고 거품을 칠했다.

가운을 입고 양 머리 비슷한 수건을 머리에 올리고 로비로 내려갔다. 나는 튀르키예 아저씨들을 구경했고 튀르키예 아저씨들은 나를 구경했다. 갈 곳을 잃고 앉아 있으니 또 누군가가 불렀고 웬 방으로 들어가 마사지를 받았다. 아무것도 보이지 않는 방에서 할아버지와 통성명하는 것은 뭔가 부끄러운 일이었다. 할아버지가 향기로운 기름을 손에 바르고 내 온몸을 두들기는 것은 더 부끄러운 일이었다.

살면서 처음으로 받아본 마사지는 예상보다 꽤 폭력적이었고 살려달라고 말하고 싶었지만 그랬다간 더 부끄러울 것 같아서 입을 다물고 있었다. 신기하게도 마사지가 끝나니 몸이 날아갈 것처럼 편했다.

노곤한 기분으로 로마 귀족처럼 침대에 누웠다. 사람들은 간단한 음식을 먹으면서 축구를 보고 있었다. 그날은 '페네르바체'와 '갈라타사라이'라는 이스탄불을 연고지로 둔 유명한 두 축구팀이 경기하는 날이었다. 반쯤 졸면서 축구 경기를 보면서 발 마사지를 받았다. 기분이 이상했다.

아무래도 로마 귀족이나 조선 양반으로 태어났다간 미안해서 밖에도 나가지 못했을 것 같았다. 내 발을 마사지하는 사람은 나보다 나이가 훨씬 많은 페네르바체 팬이었다. 자기가 좋아하는 축구 경기 대신 내 발을 보고 있다고 생각하니 더 무안해져서 마사지가 빨리 끝나기만을 기도했다. 민망하긴 했지만 피로는 풀렸다.

온몸을 두들겨 맞고 마침내 행복했다. 마조히스트도 아닌데 확실히 이상한 일이다. 육포가 된 기분으로 하맘을 나섰다. 육체의 피로도 정신의 피로도 하늘 어딘가로 날아간 것 같았다. 택시가 내뿜는 매연마저 사랑스러웠다. 그 나른한 기분은 택시 기사를 만나고 나서 흔적도 없이 사라졌다. 터무니없이 말도 안 되는 가격을 부르는 택시 기사 앞에서 반값을 불렀다.

첫 번째 아저씨는 화를 내며 그 가격에는 아무도 가지 않는다고 했다. 옆에 있던 두 번째 아저씨는 그 돈 줄 거면 지하철이나 타라고 욕을 했다. 조용히 서 있던 세 번째 아저씨는 웃으며 자기와 가자고 했다. 좋은 경쟁 사회였다. 부산 택시보다도 더 활기차고 덜 컹거리는 택시 서비스는 아무것도 미안하지 않아 좋았다.

하루에 세 번 마주치면 운명이다

    하루에 세 번 마주치면 운명이다. 어려서부터 내 머릿속에 남아 있는 말이었다. 누가 그런 말을 했는지 아니면 어떤 책에 쓰여 있었던 것인지는 모르겠다. 늘 그랬듯이 상상 속에서 만들어 낸 번듯한 남자 어른과의 대화였을지도 모르겠다.

    살면서 내가 타인에게 말을 먼저 거는 순간은 많지 않았지만 우연이 겹친 운명을 느낄 때면 꼭 먼저 말을 걸었다. 오늘도 그런 날 중 하나였다.

간이 버스를 기다리는 정류장에는 세 무리의 사람들이 있었다. 한 무리는 나와 현석이었고, 다른 한 무리는 튀르키예 여자와 한국 남자라는 흥미로운 조합이었고, 다른 하나는 앳된 세 남자였다. 튀르키예 여자와 한국 남자는 특이하게도 한국어로 대화하고 있었다. 대체 어떻게 시작된 사랑인지 궁금하긴 했지만 아쉽게도 오늘 세 번 마주친 무리는 그쪽이 아니었다.

"우리 도서관에서부터 계속 봤지? 어디에서 왔어?"

버스정류장에 걸터앉아 있던 내가 물었다.

"튀르키예 사람이야. 이즈미르에 있는 에게 대학교 신입생이야!"

세 명의 튀르키예 남자 중 가장 영어를 잘하는 '푸르칸'이 말했다.

푸르칸은 해리 포터를 닮은 간호학과 새내기였다. 그리고 '셀축'에 있는 모든 유적지에서 나와 눈이 계속 마주친 사람이었다. '이스마일'과 '마흐메드'는 같은 학교 경제학과 새내기라고 했다. 학기 시작하기 전에 들어야 하는 영어 수업을 함께 들으며 친해져서 여행을 온 사이였다. 그들은 영어 수업에서 배운 회화를 써먹을 수 있는 교보재로 영어를 못하는 동양인 둘을 만나고 말았다.

셀축은 '에페스'라는 고대 도시로 유명한데 성경에서도 언급될 정도로 오래됐다고 한다. 그들이 살아 숨쉬었던 모든 석조 건축물이 그대로 남아 있다. 남아 있지 않은 것은 사람뿐이다. 노래하고 먹고 춤추었을 극장과 눈물 흘리며 기도했을 교회는 며칠 보수만 하면 다시 살 수 있을 정도로 그대로였다. 누군가 달리다가 넘어졌을 대로와 한숨을 쉬며 하루를 보냈을 집들도 사람 흔적 빼고는 다 남아 있었다.

군이 설명이 필요 없이도 많은 것을 상상할 수 있는 곳이었지만 자세한 설명이 있으면 더 재밌을 것 같았다. 유명한 관광지이다 보니 관광버스에서 내리는 한국 팀과 중국 팀이 많았다. 아무것도 모르는 얼굴로 그들 가이드의 설명을 따라 들었다. 의심의 눈초리로 쳐다보면 현석과 나는 모르는 척 영어로 대화했다.

그룹을 옮겨 다니며 지식 하이재킹을 하다가 '켈수스 도서관'에서 꽤 오랜 시간을 보냈다. 멈춰야만 할 만큼 아름다운 곳이었다. 집에서 나와 대로를 걸으며 도착한 곳이 기껏 도서관이었을 몇천 년 전의 청춘들을 생각하면 애석하기는 했지만, 도서관은 고대 도시 유적 중 가장 화려한 곳이었다. 그야말로 공부할 맛 날 것 같은 곳이었다. 말도 안 되게 큰 정문을 지키는 목 없는 조각상들 옆에는 온갖 아름다운 문양들이 조각되어 있었다.

푸르칸과 친구들은 도서관 앞에서 고양이와 장난치고 있었다. 옆에 있던 고대 공연장에서도 마찬가지였다. 마흐메드에게 얼굴을 비비던 검은 고양이는 내게 쫄래쫄래 걸어왔고 당당하게 내 무릎에 앉았다. 가르랑거리던 고양이는 심심했는지 무릎 위에 서서 무대 중앙을 바라봤다. 뭐가 있나 싶었지만, 그곳에는 아무것도 없었다. 노래나 부를까 싶었는데 고양이가 먼저 야옹거려서 선창을 뺏겨 고양이나 쓰다듬었다.

하루 종일 여기저기서 만난 세 명의 튀르키예인과 짧은 영어로 많은 대화를 했다. 심지어 우리는 같은 버스를 두 번이나 탔었다. 튀르키예와 한국은 형제라는 말이 있다. 이 말이 아직도 우리 교과서에 남아있는지 그리고 그 말이 정확한 근거가 있는지는 모르겠다. 아마도 튀르키예 교과서에는 남아 있는 것 같았다. 순박한 농부를 닮은 이스마일은 튀르키예와 한국은 형제라고 했고 괜찮다면 저녁을 같이 먹고 나머지 여행을 함께하자고 했다.

그들이 추천해 준 '이스켄데르 케밥'을 먹었다. 케밥과 토마토와 감자튀김과 밥을 한데 섞은 비빔밥 같은 느낌의 음식이었는데 맛이 없을 수가 없었다. 확실히 튀르키예 음식은 사람을 행복하게 하는 면이 있었다. 절대 이스마일과 마흐메드가 내가 이십 대 초반일 것 같다고 말해서는 아니었다.

배부르게 저녁 식사를 하고 '쉬린제 마을'로 향했다. 버스에 돈을 내거나 위치를 물어야 할 때는 푸르칸이 계속 도와줬다. 튀르키예 사람이 튀르키예 언어를 하는 것보다 당연한 것은 없을 테지만 확실히 멋져 보였다.

쉬린제 마을은 작고 아담한 마을이었는데 와인이나 도자기 같은 것을 만드는 장인들이 많다고 했다. 친구들을 졸졸 쫓아다니며 마을을 구경했다. 특별한 것은 없는 곳이었다. 이곳저곳에 양

조장과 와인 샵이 있었다. 한 잔 한 잔 받아먹다 보니 얼굴이 석양보다 붉어졌다.

산딸기로 만든 와인을 사고 교회를 구경했다. 술을 사서 교회에 들어가도 되는지 잠깐 고민했지만, 와인을 예수님 피라고도 하는데 괜찮지 않나 싶었다. 뭐가 맞는지는 잘 모르겠다.

푸르칸은 따뜻한 튀르키예 전통 음료를 사주며 이즈미르에 돌아가면 꼭 '봄바'라는 빵을 먹어보라고 했다. 전통 음료는 딱 미숫가루 맛이 났다. 함께 사진을 찍고 포옹하고 돌아온 이즈미르에서 그들의 말대로 봄바 몇 개를 샀다. 우리네 호빵같이 생긴 느낌의 빵이었는데 안에는 초콜릿이 들어있었다. 야식으로 산딸기 와인과 초콜릿 호빵을 먹으면 딱 좋을 것 같았다. 그러나 하필 숙소에는 와인 따개가 없었다. 서른 살이나 먹은 두 남자는 와인 코르크 하나 따지 못하고 절망했다. 젓가락으로 반 정도 부순 코르크 앞에서 먹은 '봄바'는 너무 달아 딱 한입 먹고 양치를 해야만 했다.

그래서 그 날짜를 사랑하기로 했다

　　　　　　야간 버스만큼 논리적인 것은 없다. 낮 시간을
빼앗기지도 않고 그저 잠자고 일어나면 원하는 곳에 도착해 있다.
숙박비와 교통비를 합쳐서 해결하는 기분이라 합리적이다. 문제
라면 몸이다. 비닐봉지처럼 구겨진 몸으로 새우잠을 자며 긴 시
간을 버텨야 한다. 아무것도 하지 못한 채로 좁은 공간에 있는 것
은 생각보다 어려운 일이다. 그래서 야간 버스를 탈 때면 노예선

에 갇힌 기분이다.

야간 버스나 공항 노숙에는 이골이 났지만, 다시 타야 한다고 하니 한숨부터 나왔다. 삼십 대에 접어든 지 한 달도 되지 않았지만 벌써 삼이라는 숫자가 이건 무리라고 말하고 있었다. 튀르키예 여행지를 검색하면 늘 나오는 온천마을 '파묵칼레'나 열기구가 하늘을 뒤덮은 '카파도키아'를 가려면 야간 버스를 타야 했다. 대서양을 건너오기 전부터 열기구 이야기만 하던 현석도 잠잠해졌다. 적당히 서로 눈치를 보다 목적지를 수도인 '이스탄불'로 변경했다.

이스탄불은 끝과 같은 도시다. 아시아의 끝이자 유럽의 끝이다. 도시 자체가 가운데 흐르는 바다를 두고 '미켈란젤로'가 그린 '천지창조'의 신과 인간처럼 손가락을 맞대고 있다. 나와 현석은 10년 전에 이스탄불을 마지막으로 유럽 여행을 마쳤다. 청춘 연기를 해보겠다고 있는 돈 없는 돈 모아 다녔던, 여행보다는 고행에 가까운 것이었다. 그로부터 10년 후의 여행도 같은 곳에서 마치게 되니 굳이 지리학적 이유를 따지지 않아도 이스탄불은 끝과 같은 도시였다.

화상 면접이 몇 개 잡혀 있었다. 시차 때문에 면접은 새벽에 시작했다. 새벽에 면접을 보고 긴장이 풀려 깊은 잠을 자고 나면 점심시간을 훌쩍 넘었다. 현석은 어딘가로 여행을 가고 없었고 나는 근처 식당에서 대충 배를 채우고 다시 면접 준비를 했다. 논문을 읽다가 저녁이 되어 어둠이 깔리면 현석과 만나 밥을 먹고 동네를 구경했다. 그리고 다시 새벽에 면접을 보았다. 이런 기묘한 여행과 노동의 중간에서 모든 이스탄불을 보냈다.

크게 나쁘지는 않았다. 다만 굳이 날씨도 좋은 날에 방 안에서 혼자 면접 준비를 하는 것은 그다지 좋지도 않았다. 면접 준비라고 해봐야 논문을 읽다가 집어던지거나 군대에서 삼 년 반을 지낸 내 선택을 후회하거나 입을 푼답시고 로비에 내려가 매니저와 영어로 대화하는 게 다였다. 시간이 부족했지만, 시간이 남았다.

마침 연초라 달력 앱에 생일을 정리했다. 버릇처럼 외워 둔 몇몇 생일이 있다. 잊어버려야만 하는 생일도 있지만 잊어버리려 노력할수록 마음에 새겨지는 법이다. 기억해야 하는 일련의 생일들을 굳이 하나하나 입력하는 것은 오래된 버릇이다.

내 생일도 굳이 저장해 둔다. 사실 내 생일을 좋아하지는 않는다. 명절도 매한가지다. 좋아하는 날이 없다는 것은 괴로운 일이어서 언젠가 내가 좋아하는 날을 하나 만들기로 했었다. 문제는 그날을 언제로 하냐는 것이었다.

우연한 날이었다. 적당한 온도와 습도의 낮을 보내고 그럴듯한 채도와 명도의 밤에 튀김만두를 주문하고 가게 앞 벤치에 앉아 있던 적이 있다. 라디오에서 찬송가가 흘러나왔고 나는 신과 전혀 접점이 없는 사람이었지만 그때 오늘은 좀 좋은 날이라는 생각을 했다. 이유는 모르겠다. 원체 모든 것은 이유 없이 시작된다. 그래서 그 날짜를 사랑하기로 했다.

좋아하는 사람을 만나는 것은 그런 좋은 날들을 몇 장이고 추억이라는 실로 기워 이불처럼 하늘에 너는 것이었다. 다 말랐다고 치우기 전까지는 바닥에 누워 좋은 날들만 바라볼 수 있었다. 어둡고 흐리기만 한 현실이라는 하늘을 바라보지 않을 수 있었다. 빨래터의 어린아이처럼 빨랫줄에 걸린 이불 밑으로 들어가 하늘을 가린 이불이 쉽게 마르지 않기를 바랐다.

서로의 감정이 말라 이불이 바삭해질 때는 비가 왔으면 했다. 빗소리가 들려도 시치미를 뚝 떼고 이불을 걷지 않으리라고 다짐했다. 하지만 보통 상대방이 호들갑을 떨며 이불을 접어 어딘가로 도망쳤다. 사라진 좋은 날은 다시는 찾을 수 없었다.

비가 살짝 내리는 밤에 '블루 모스크'를 보러 갔다. 모스크에서는 기도 소리인지 경전을 읊는 소리인지 알 수 없는 소리가 흘러나오고 있었다. 문은 닫혀 있었다. 닫힌 곳에서 들려오는 기도 소리는 무섭기만 했다. 발길을 돌려 근처의 다른 모스크로 향했다.

'아야 소피아'에서도 블루 모스크처럼 기도 소리가 들려오고 있었다. 이슬람 신도가 되려면 부지런해야 할 것 같았다. 아야 소피아는 '성 소피아 대성당'으로도 불린다. 애초에 동로마 제국의 정교회 건물이었다. 제국이 멸망한 후에 이슬람의 모스크가 되었다. 거룩한 것들의 아픔을 느껴야 하는데 머릿속에는 '문명 5' 게임의 종교 싸움밖에는 생각나지 않았다. 성 소피아 대성당을 위

대한 선지자를 뽑으려고 게임에서 건설하며 알게 된 것은 게임의 순기능인지 역기능인지 알 수가 없다.

기도가 한창이었다. 남자 신도들만 맨 앞으로 갈 수 있었고 외국인과 여자들은 멀리서 그들을 지켜봐야만 했다. 건물 구석구석을 구경했다. 아랍어가 한 글자씩 여기저기 크게 쓰여 있었다. 무슨 의미인지는 모르겠지만 글자도 아름답게 생길 수 있다는 생각을 처음 했다. 기도하는 것을 보고 있다가 도망쳐 나왔다. 다들 신발을 벗고 있어서 발 냄새가 너무 심했다. 전 세계에서 모인 발 냄새가 섞였다. 다양한 것은 유일한 것보다 더 파괴적인 시너지 효과를 낸다. 발 냄새에서 도망쳐 멀리서 들려오는 기도 소리를 들으며 밤길을 걸었다. 몇 시간 후면 다시 면접을 봐야 했다.

쓸데없이 많은 한국어를 알고 있었다

　　"이번에도 트램 돌아가면 그냥 집 간다. 진짜
어이가 없네."

　　화가 잔뜩 난 내가 접두사와 접미사로 욕설을 붙이며 말했다.

　　"아니 진심? 뭘 타고 있는 거야. 계속 여기 기다리니까 경찰이
나 이상하게 본다."

　　현석이 한심한 듯 말했다.

"아니 트램이 앞으로 갔다가 뒤로 간다니까? 아니 또 뒤로 가네. 아."

이유를 알 수가 없었다. 현석과 만나기로 한 장소를 가려고 트램을 탔다. 특이한 점이라면 한 번 타면 될 트램을 다섯 번이나 탔다는 것이다. 분명히 지도에 그려진 대로 철로를 타고 달리던 트램은 강을 건너더니 그대로 뒤돌아갔다. 처음 두 번은 창가를 보며 다른 생각을 하고 있었기에 실수라고 생각했지만, 제정신으로 탔을 때도 마찬가지였다. 'T1'이라고 쓰인 것도 확인했고 방향도 확실하고 심지어 현지인에게도 물어보고 탔지만, 여지없이 트램은 돌아가 출발점으로 복귀했다. '노 프라블럼'이라던 현지인에게 따지려고 했지만 온데간데없었다.

여섯 번째 시도에 겨우 뒤로 달리지 않는 트램을 탈 수 있었다. 아무것도 다른 것이 없었는데 여섯 번째 트램은 앞으로만 달렸다. 아무리 내 인생이 한 번에 되는 것 없다고 해도 여섯 번은 너무 심하지 않나 싶었다.

남들은 쉽게 도착한다는 '돌마바흐체 궁전'은 내게 너무도 먼 곳이었다. 자다가 조식을 놓쳐버린 나와는 다르게 열심히 돌아다닌 현석과 겨우 궁전 앞에서 만났지만 곧바로 헤어졌다. 궁전 입장료가 대충 저녁 세끼 정도 할 만한 값이었기 때문이다. 나는 궁전으로 들어갔지만, 현석은 고민하더니 시장으로 발길을 돌렸다. '카이막'이니 '로쿰'이니 '바클라바'니 하는 디저트들을 먹으러 가는 것 같았다. 나는 단 음식을 싫어한다. 그런데도 내 몸무게는 점점 늘고 있다.

돌마바흐체 궁전은 바다를 끼고 있었다. 배를 정박하는 장소도 있었다. 비가 내려 바다와 만나 원을 만들었다. 수백만 개의 동심원을 보고 있다가 감기에 걸릴 것 같아 궁전 안으로 발걸음을 옮겼다. 내부는 끝내주게 화려했다. 계급별로 나뉘어 있는 방들의 크기와 가구들이 미묘하게 다른 것이 재밌었다.

후궁의 방들은 정실부인의 방과 비교했을 때 묘하게 구석진 곳에 있고 수준이 아슬아슬하게 떨어졌다. 그 묘하다는 것이 입에 올려 불만을 표하면 너무 속 좁아 보일 것 같고 가만히 있자면 너무 호구 취급받을 것 같은 그런 수준이었다. 나라면 술탄에게 불만을 말했을지 고민하다가 귀족은커녕 화장실에서 똥이나 푸고 있을 노예일 것 같아서 생각을 멈췄다.

"배고픈데 밥이나 먹자! 맛집 찾아놨어!"

발랄한 목소리였다.

유명한 관광지라 그런지 오랜만에 모르는 목소리로 울려 퍼지는 한국어를 들을 수 있었다. 서너 무리의 한국인들과 마주쳤는데 서로를 '음 한국인이네'라는 눈초리로 보며 아무 말도 하지 않았다. 전부 여자 세 명으로 구성된 무리였다.

두 명이나 네 명이면 숙소 잡기 편할 텐데 왜 굳이 세 명일까 하는 멍청한 생각을 하며 궁전 안에 걸린 그림을 구경했다. 술탄의 초상화나 전쟁 중인 튀르키예 군인들의 그림은 꽤 인상적이었지만 머릿속에 남겨진 쓸데없는 고민을 하느라 깊게 보지 못했다. 생각해 보면 다른 곳을 돌아다닐 때도 여자 세 명으로 된 그룹을 많이 봤다. 도둑이나 강도를 만나면 두 명이 팔 하나씩 잡고 남은 한 명이 상대 얼굴에 주먹을 날리기에 딱 좋은 구성이라는 가설이 지금까지는 가장 그럴듯하다.

궁전에서 나와 거리를 돌아다니다 현석과 다시 만나 밥을 먹었다. 유튜브에서 유명하다는 '솔트베' 요리사의 음식점이었다. 허세를 부리며 스테이크에 소금을 치는 게 그의 시그니처 포즈인 것 같았다. 대체 요즘 유행은 알 수가 없다고 생각하며 햄버거를 시켜 한입 베어 물었다. 튀르키예 물가를 감안하면 확실히 비싼 편이었지만 이 정도 맛이면 허세가 아니라 실력인 것 같았다. 접시에 흘린 고기 조각까지 긁어먹고 나니 입간판으로 서 있는 솔트베 아저씨가 잘생겨 보였다.

숙소로 돌아와 잠을 잠깐 자고 부스스 일어나 씻었다. 자고 일어나면 샤워를 해야만 한다. 일종의 의식 같은 것인데 자고 일어나서 샤워하지 않으면 제대로 부팅이 되지 않았다. 반대로 아무리 피곤해도 샤워하고 나면 몇 시간 정도는 활기가 돌았다. 나라는 인간은 수중생물에서 진화한 게 틀림없다. 샤워를 한 이유는 새벽에 있을 또 다른 면접을 위해서였다.

연구 주제에 대한 발표나 박사과정을 하는 이유 같은 예상되는 질문이 주로 나왔다. 한 시간이나 되는 면접 시간을 채우기 위해서였는지 전혀 생각지 못한 질문도 받았다.

"인생에서 제일 좋아하는 일이 뭐예요? 싫어하는 것은?"

인상 좋아 보이는 할아버지 교수의 물음이었다.

"제일 좋아하는 사람과 좋아하지 않는 사람은 누구예요?"

딱 봐도 심심해 보이는 중년 교수의 질문이었다.

당황스러운 질문이었다. 예상하지 못하기도 했지만, 짧은 영어로 말하려고 하니 명확하게 설명할 수가 없었다. 차근차근 진득하게 설명했다. 오히려 한정된 단어를 가지고 말을 하니 가려진 수식어가 없어 표현이 명확했다. 면접을 끝내고 별 하나 없는 밤하늘을 바라봤다.

너무 쓸데없이 많은 한국어를 알고 있었다. 아는 단어가 많은 것은 제대로 표현하는 것과 어떤 관련도 없었다. 오히려 그 생각과 상상과 감정이 틀릴까 봐 입으로 뱉지 못하게 했다. 스스로 감정을 알 수가 없어 글을 쓰기 시작했던 인간은 결국 자신의 가장 기초적인 감정도 헷갈리는 인간이 되어버리고 말았다. 그날은 잠을 자지 못하고 핸드폰 화면만 들여다보며 하루를 보냈다.

이제는 돌아가도 될 것 같다

      짧은 여행을 하면 현실감을 잃는다. 평소와는 다른 것들을 하고 먹고 본다. 좀처럼 채워지지 않던 사진첩은 며칠 사이에 꽉 차버린다. 찾을 수 없던 사랑은 처음 만난 사람과의 하루로 시작된다. 그렇기에 여행은 비일상적이고 비현실적이다.

      긴 여행은 다르다. 동화가 계속되는 것이 아니라 언젠가부터 다큐멘터리가 되어버린다. 지독한 현실감을 느낀다. 누군가의 일상이

나의 여행이 되었듯이 나의 여행은 그들과의 일상이 된다. 일상이 지속되면 돌아가야 할 곳이 있는지를 생각하게 된다. 마침내 그리움에 빠지는 그 설명하기 어려운 감정 때문에 긴 여행을 좋아한다.

'이제는 현실적으로 긴 여행을 할 수 없을 거야'라는 생각을 한 지는 꽤 되었다. 인생이 생각처럼 흘러가지 않듯 그 생각 이후에도 몇 번 여행을 할 수 있었다. 그래도 여행의 끝이 다가오니 그런 생각이 다시 떠올랐다. 사회의 톱니바퀴로 살다가 튕겨 나가거나 아니면 녹슬어 더는 굴러가지 못할 때나 되어야 다시 긴 여행을 시작할 수 있을 것 같았다.

사실 여행하는 이유도 잘 모르겠다. 여행하며 '여기는 왜 왔어요?'라는 질문을 수없이 받았지만, 아직도 대답이 어렵다. 돈이 많아 펑펑 쓰고 다니는 것도 아니다. 별의별 사람이 다 모이는 저가 호스텔에서 계산기를 두드리며 한국에서보다 아껴 살았다며 혼자 좋아한다. 내 마음은 작은 내 키보다 훨씬 작다.

비 오는 공원을 혼자 걸었다. 끝에는 바다가 있었다. 덕분에 비오는 바다를 걸었다. 날씨가 꽤 추웠는데도 아저씨들이 낚싯대를 잡고 서 있었다. 그 뒤에 자리를 잡고 아무것도 잡히지 않는 바다를 바라봤다. 고양이 몇 마리는 아저씨들 옆에 자리를 잡고 간식을 기대하며 울었다. 아저씨 한 명은 고양이한테 손짓하며 저리 가라고 화를 냈다. 고양이 한 마리가 내 곁에 앉았다. 줄 수 있는 것이 하나도 없어서 쓰다듬어 주기만 했다.

꽤 오랜 시간이 지났는데도 고양이는 가지 않고 옆에 누워 있었다. 자리를 옮기려고 인사를 하고 걸었는데 고양이가 졸졸 따라왔다. 다시 바닷가에 자리를 잡고 앉았다.

"에이 여기 아무것도 없네."

모르는 사람의 앳된 목소리였다.

비 오는 튀르키예 바닷가에서 뜬금없이 한국어가 들려왔다. 아무것도 없는 건 아니라고 발끈하려고 했지만 생각해 보니 아무것도 없긴 했다. 시계탑 비슷한 것이 있긴 했는데 그걸 보러 여기까지 오는 건 이상하긴 했다. 그래도 혼자 잘 놀고 있는데 그런 말을 들으니 괜히 심술이 났다. 한국어를 듣지 않으면 좋았을 뻔했다고 생각했다. 그 사람이 알바니아인이나 그리스인이었으면 무슨 말을 했든 이해하지 못했을 텐데.

"나는 연구가 좋아요. 그런 삶을 사랑해요."

하품하고 있는 고양이에게 한국말로 또박또박 말했다. 고양이가 무시하길래 '아슈크'라는 말을 덧붙였다. 유일하게 기억나는 '사랑'이라는 튀르키예 단어였는데 누가 보면 고양이에게 고백하는 모양새로 보일 것 같았다.

'나는'과 '좋아요' 사이의 짧은 어절을 채우는 데 너무 오랜 시간이 걸렸다. 좋아하는 것도 모르고 좋아하는 것이 있어서도 안 된다고 생각했던 인간은 대학에 다니며 좋아하는 것을 찾아버리고 말았다. 하지만 좋아하는 것을 입 밖으로 말하는 것은 부끄럽고 민망한 일이라 아직도 굳이 수많은 다른 단어를 대며 다른 얘기를 했다.

한 살 한 살 먹어가면서 부끄러움은 더 커졌다. 누구는 전문직 명함을 내밀고 누구는 청첩장을 건네는 사회에서 나는 아직도 좋아하는 것을 바라보고 있다고 말하는 것은 수치스러운 것이었다. 그래서 한국말을 하고 싶지 않았다.

돈도 없고 배경도 없고 나이만 많지만, 연구가 좋아 박사를 하고 싶다는 말을 꺼내고 싶지 않았다. 한심함과 놀라움과 동정과 무관심을 보고 싶지 않았다. 아무도 현실에서 낭만을 말할 수 없었다. 그런 것은 어리고 돈 많은 누군가에게만 해당하는 밀어였다. 하지만 발칸 반도에서의 나는 그저 이방인일 뿐이었고 그들에게서 배운 짧은 언어로 내가 사랑하는 것을 거리낌 없이 말할 수 있었다.

"나는 끝이 두려워요."

들은 척도 하지 않는 고양이에게 다시 말했다.

늘 끝을 생각하는 못된 버릇은 여전했다. 나는 모든 것의 끝을 병적으로 두려워한다. '오늘이 가면 당신을 볼 수 없을지도 모른다.'라는 공포를 달고 산다. 장례식만을 말하는 것이 아니다. 결혼식이나 졸업식이나 심지어 함께하는 여행이나 밥 약속에서도 그렇다. 모든 생각 앞에 '현실적으로'라는 말을 붙인다. 식사가 끝나고 나면 '현실적으로' 꽤 바쁘고 또 바빠야만 할 우리는 만나지 못할 것이 분명했다. '현실적으로' 연인이나 가족 같은 더 중요한 것들에 묶여 살 것이 분명했다.

관계에 홀로 마침표를 찍는 것은 언제나 벅찬 것이었다. 하지만 어른은 그런 것에 휘둘려서는 안 되는 사람이었고 나는 언제나 나를 어른이라고 생각하고 있었다. 그런 인간에게 홀로 유학하러 간다는 것은 거의 사형 선고나 비슷한 것이었다. 사형과 다른 점이라면 스스로 자진했다는 것뿐이었다.

머릿속에서 생각만 하고 있던 것들을 말로 해본 것은 처음이었다. 비록 듣는 이가 사람이 아니라 고양이인 점이 조금 민망했지만, 확실한 한국어로 내 감정을 입 밖으로 뱉었다. 감정을 인정하는 것은 쉽지 않은 일이었지만 확실히 후련한 일이었다. 한국어를 듣지 않고자 발칸 반도로 향하는 표를 사야만 했던 이유를 조금은 알 것 같았다.

폴란드에서는 지쳤다고 말했다. 알바니아에서는 고맙다는 말을 달고 살았다. 마케도니아에서는 슬픔을 읊었다. 코소보에서는 예쁘다는 말을 건넸고 알바니아에서는 미안함에 관해 물었다. 그리스에서는 행복이 무엇인지 대화하고 터키에서는 마침내 사랑을 말했다. 아는 단어가 줄어드니 말할 수 있는 것이 늘어났다. 그리고 빙 돌아서 확연한 두려움과 함께 한국어를 말했다.

"아슈크, 아슈크. 이제는 돌아가도 될 것 같다."

짝사랑하는 사람에게 고백하고 차여버린 기분으로 고양이에게 말했다. 그렇게 발칸 반도로의 도피는 저물었다.